100 recettes de verrines

Recettes de Sylvie Aït-Ali
Illustrations : Lenivitz Production / Irina Sarnavska

EDITIONS ESI
60, rue Vitruve, 75 020 Paris
Imprimé en Italie par Gruppo Editoriale Zanardi

N° ISBN : 978-2-35355-854-4 / N° Sofédis : S179964

Sommaire

- Agneau grillé et boulgour à la grecque 8
- Anguille fumée en salade 10
- Asperges à la flamande 12
- Aspic de queues d'écrevisse au vinaigre balsamique 14
- Aspic de saumon à l'aneth 14
- Bœuf aux poivrons rouges 15
- Bavarois de tomates au basilic 15
- Beignets de crevettes et purée de mangue ... 16
- Betterave dans tous ses états 18
- Brochettes de Saint-Jacques 20
- Brouillade aux crevettes 22
- Calamars à la provençale 24
- Cappuccino de cèpes 26
- Cappuccino de poivrons 28
- Carpaccio de saumon à la brousse 30
- Caviar d'aubergine 30
- Ceviche de daurade 31
- Charlottes de poivrons au fromage frais 31
- Chèvre chaud et poires au romarin 32
- Chutney de rhubarbe et mousse de foie gras 34
- Cocktail de gambas 36
- Confit d'oignons à la vergeoise et brochettes de foies de volaille 38
- Confits de figues et fromage 40
- Crabe au pamplemousse vert et à l'avocat 42
- Crème brûlée au roquefort et mousse de poire 44
- Crème d'aubergine à l'ail et au sésame 46
- Crème de chou-fleur 46
- Crème de courgette aux 5 baies 47
- Crème de potimarron 47
- Crème de potiron aux moules 48
- Crème de potiron et crabe 50
- Crèmes brûlées au chèvre et aux pignons 52
- Crèmes de petits pois 54
- Croustillants au chèvre 56
- Crumble aux courgettes 58
- Doux poivrons 60
- Espuma au saké et aux œufs de lump 62
- Espuma d'avocat et son saumon 62
- Espuma de morilles et chips au lard 63
- Espuma de pommes de terre au caviar de boudin noir 63
- Espuma et brunoise d'artichaut au foie gras 64
- Faisselles aux herbes et gambas 66
- Féroce 68
- Flans printaniers 70
- Foie gras et chutney de fruits rouges 72
- Foie gras façon lucullus 74
- Fricassée de Saint-Jacques aux cèpes 76
- Gaspacho aux poivrons et aux tomates 78
- Gaspacho de betteraves et pomme 78
- Gaspacho de concombre 79
- Gaspacho glacé de betteraves 79
- Granités de tomates et pesto 80

- Guacamole au saumon 82
- Iles flottantes truffées et foie gras 84
- Jardinière en croûte 86
- Légumes du soleil en crumble de parmesan 88
- Maquereaux marinés au citron et crème de coco 90
- Marinade de coques 92
- Miettes de crabe en mimosa 94
- Milk-shake au piment d'Espelette 94
- Mini crevettes à la ciboulette 95
- Mousse aux 2 saumons 95
- Mousses au poivron et fromage frais au cumin 96
- Mousses d'avocats et crevettes 98
- Mousses de betterave et sa garniture croquante 100
- Mousses de carottes au cumin et tuiles de parmesan 102
- Mousses de roquette sur lit de betteraves 104
- Œufs de caille sur rémoulade de surimi 106
- Panna cotta au gorgonzola et raisins en gelée 108
- Panna cotta au pesto 110
- Panna cotta au roquefort 110
- Panna cotta d'asperges et crabe 111
- Panna cotta de foie gras et espuma de mangue 111
- Ananas aux épices 112
- Ananas vanillé sur lit de coco 114
- Bavarois normand 116
- Blanc-manger aux framboises 118
- Café croquant 120
- Ch'tiramisu 122
- Cheese-cake fleuri 124
- Chiboust à la fraise et à la pistache 126
- Coupe d'été 128
- Coupe grenadine 130
- Coupe meringuée 132
- Crème au lait d'amande et griottes 134
- Crumble aux saveurs d'été 136
- Crumble de fraises aux pistaches 138
- Douceur de poires 140
- Duo chocolat-coco 142
- Duo fraise-rhubarbe 144
- Figues à la crème d'amandes 146
- Flan à la noix de coco et son nuage chocolaté 148
- Flan coco et grenade 150
- Ile flottante au thé matcha et pralines roses 152
- Mango 154
- Mousse au Grand Marnier 156
- Panna cotta au chocolat et aux framboises 158
- Riz au thé matcha et fraises séchées 160
- Sabayon de mangue 161
- Verrine orientale 161

Agneau grillé et boulgour à la grecque

Préparation : 25 minutes • Cuisson : 15 minutes • Difficulté : ★ Budget : ★★

Pour 4 verrines

- Huile d'olive
- 150 g de boulgour
- 1 oignon
- ½ cuil. à café de confit de tomates séchées
- Coriandre
- 2 tomates
- 400 g de gigot d'agneau
- 2 gousses d'ail
- 1 yaourt grec
- Sel et poivre

Faites chauffer 1 cuil. à soupe d'huile d'olive dans une casserole, ajoutez le boulgour, l'oignon haché et laissez cuire 5 minutes.

Versez 25 cl d'eau et laissez cuire à feu doux environ 10 à 12 minutes.

Ajoutez le confit de tomates, de la coriandre, la chair des tomates coupées en dés, salez et poivrez. Couvrez pour maintenir au chaud.

Coupez la viande en cubes et faites-la griller dans un peu d'huile avec l'ail haché pendant quelques minutes. Salez et poivrez.

Remplissez 4 mini cocottes à moitié de boulgour, nappez de yaourt et déposez les cubes d'agneau. Servez aussitôt.

Conseil : cette recette peut être servie en plat complet. Dans ce cas, il est conseillé d'utiliser des verrines à grande contenance.

Anguille fumée en salade

Préparation : 30 minutes • Cuisson : 30 minutes • Difficulté : ★ Budget : ★★★

Pour 4 verrines

- 4 pommes de terre
- 2 échalotes
- Ciboulette
- 2 cuil. à soupe d'huile d'olive
- 1 cuil. à soupe de vinaigre balsamique
- 2 tomates
- 1/4 de concombre
- 200 g de filets d'anguille fumée
- 90 g d'œufs de saumon
- Sel et poivre

Épluchez et coupez les pommes de terre en petits cubes. Faites-les cuire à l'eau (ou au four à micro-ondes) pour qu'elles soient cuites mais pas trop longtemps pour qu'elles conservent un peu de fermeté.

Égouttez et ajoutez les échalotes et la ciboulette finement ciselées, assaisonnez avec 1 cuil. à soupe d'huile d'olive et 1/2 cuil. à soupe de vinaigre pendant que les pommes de terre sont encore chaudes. Réservez.

Coupez les tomates et le morceau de concombre en petits cubes, ajoutez 1 cuil. à soupe d'huile, 2 cuil. à soupe de vinaigre, du sel, du poivre et de la ciboulette finement ciselée.

Placez un filet d'anguille sur la paroi de la verrine en diagonale. Versez la salade de tomates et concombre au fond des verrines.

Coupez le restant de l'anguille en petits morceaux, ajoutez-les aux pommes de terre et mélangez. Ajoutez les œufs de saumon délicatement pour ne pas les écraser.

Répartissez les pommes de terre dans les verrines et servez.

Asperges à la flamande

Préparation : 30 minutes • Cuisson : 17 minutes • Difficulté : ★ Budget : ★★

Pour 4 verrines

- 3 œufs
- 12 asperges vertes
- 8 brins de ciboulette
- 80 g de beurre
- Sel et poivre

Mettez les œufs à cuire 10 minutes dans une casserole d'eau bouillante, puis laissez-les refroidir.

Coupez la base dure des asperges, épluchez les tiges à l'aide d'un économe puis coupez les pointes à 5 cm. Mettez les tiges à cuire 5 minutes dans une casserole d'eau salée bouillante. Ajoutez les pointes et poursuivez la cuisson 2 minutes. Égouttez les asperges et laissez-les refroidir sur un torchon propre.

Écalez les œufs durs, puis hachez-les finement ainsi que la ciboulette. Mettez le beurre à fondre et ajoutez les œufs et la ciboulette. Salez et poivrez.

Coupez les tiges des asperges en tronçons et placez-les dans les verrines en alternance avec les œufs au beurre. Décorez les verrines avec les pointes d'asperge et servez.

Conseil : les asperges à la flamande sont traditionnellement préparées avec des asperges blanches mais pour une présentation en verrines, les asperges vertes font bel effet.

Aspic de queues d'écrevisse au vinaigre balsamique

Préparation : 30 minutes • Repos : 1 heure • Cuisson : 13 minutes • Difficulté : ★ Budget : ★★★

Pour 4 verrines

- 150 g de lentilles corail
- 1 échalote
- 100 g d'asperges vertes en bocal
- 30 queues d'écrevisse
- 8 cl de vinaigre balsamique blanc
- 2 cuil. à café de sucre
- 1 cuil. à café d'agar-agar
- Sel

Faites bouillir de l'eau salée dans une casserole et plongez-y les lentilles préalablement rincées. Laissez cuire 12 minutes. Égouttez et laissez refroidir. Ajoutez l'échalote finement émincée. Répartissez les lentilles dans les verrines.

Coupez les pointes d'asperge et placez-les en couronne sur les lentilles. Déposez à leur tour les queues d'écrevisse dans les verrines.

Versez 30 cl d'eau, le vinaigre et le sucre dans une casserole et portez à ébullition avec l'agar-agar. Faites bouillir 1 minute et laissez tiédir.

Versez dans les verrines avant gélification. Placez au frais au moins 1 heure. Décorez d'une pointe d'asperge et de 2 queues d'écrevisse.

Aspic de saumon à l'aneth

Préparation : 10 minutes • Repos : 2 heures • Cuisson : 15 minutes • Difficulté : ★ Budget : ★★

Pour 4 personnes

- 4 bouquets de brocolis
- 2 tranches de saumon fumé
- 4 g d'agar-agar
- 50 cl de bouillon de légumes
- Aneth haché

Faites cuire les brocolis 10 minutes à la vapeur. Laissez refroidir.

Coupez le saumon en lanières.

Délayez l'agar-agar dans le bouillon et portez à ébullition. Laissez cuire 2 minutes sans cesser de remuer.

Déposez un bouquet de brocoli et quelques lanières de saumon dans des ramequins. Parsemez d'aneth haché.

Laissez complètement refroidir avant de mettre au réfrigérateur pour 2 heures.

Bœuf aux poivrons rouges

Préparation : 25 minutes • Cuisson : 40 minutes • Difficulté : ★ Budget : ★★

Pour 6 à 8 verrines

- 500 cuil. à soupe de gîte
- 3 poivrons rouges
- 1 oignon
- 3 cm de gingembre frais
- 1 gousse d'ail
- 2 cuil. à soupe d'huile de palme

Détaillez le bœuf en petits morceaux. Lavez les poivrons, enlevez les pédoncules, les filaments blancs et les graines. Taillez-les en lamelles.

Épluchez et émincez l'oignon finement. Épluchez et détaillez le gingembre en fins bâtonnets. Épluchez et dégermez l'ail, puis émincez-le finement.

Dans une sauteuse ou un wok, faites chauffer l'huile. Mettez-y à dorer l'ail, l'oignon et le gingembre. Puis ajoutez les morceaux de bœuf. Laissez mijoter le tout 5 minutes à feu moyen. Ajoutez les poivrons. Mélangez et laissez cuire 35 minutes, en remuant régulièrement.

Disposez le bœuf aux poivrons dans les verrines. Dégustez.

Bavarois de tomates au basilic

Préparation : 30 minutes • Cuisson : 5 minutes • Difficulté : ★★ Budget : ★

Pour 4 verrines

- 150 g de ricotta
- 2 cuil. à café de confit de tomates séchées
- 12 feuilles de basilic
- 8 cl de crème liquide entière
- 16 tomates cerise
- Huile à frire

Travaillez la ricotta à la fourchette pour l'assouplir. Ajoutez le confit de tomates séchées et 4 feuilles de basilic ciselées. Montez la crème très froide en chantilly et incorporez-la délicatement à la ricotta. Coupez des rondelles de tomates cerise et appliquez-les sur le bord des verrines. Coupez le reste des tomates en morceaux.

Versez 1 cuil. à soupe de mousse à la ricotta dans les verrines, les morceaux de tomates et couvrez le tout de mousse. Placez au frais. Chauffez à feu doux le bain d'huile et plongez-y les feuilles de basilic parfaitement sèches. Elles doivent devenir transparentes mais pas colorées. Baissez le feu si nécessaire. Placez les feuilles de basilic frites sur le bavarois de tomates au moment de servir.

Beignets de crevettes et purée de mangue

Préparation : 30 minutes • Repos : 1 heure • Cuisson : 10 minutes • Difficulté : ★★ Budget : ★

Pour 4 verrines

- 1 mangue bien mûre
- 200 g de farine
- ½ sachet de levure chimique
- 1 cuil. à soupe d'huile de tournesol
- 1 œuf
- 12 crevettes roses
- Huile à frire
- Sel

Épluchez et coupez la mangue en morceaux que vous réduirez ensuite en purée. Versez cette purée dans les verrines.

Mélangez la farine, la levure, le sel et l'huile. Ajoutez 10 cl d'eau tiède puis l'œuf battu en omelette. La pâte doit être épaisse mais fluide. Si elle est trop liquide, ajoutez de la farine. Laissez-la reposer au moins 1 heure.

Décortiquez les crevettes en conservant bien l'extrémité de leur queue. Chauffez le bain d'huile. Plongez les crevettes dans la pâte en les maintenant par la queue restante. Jetez-les dans l'huile bouillante et laissez-les dorer. Sortez-les de l'huile et laissez-les égoutter sur du papier absorbant.

Placez les crevettes sur le bord des verrines et servez aussitôt.

Betterave dans tous ses états

Préparation : 40 minutes • Repos : 1 heure • Difficulté : ★ Budget : ★

Pour 6 personnes

- 3 betteraves cuites
- 150 g de chèvre frais
- 15 cl de crème liquide entière
- 1 cuil. à café de cumin en poudre
- 300 g de fromage blanc
- 3 cuil. à soupe de crème fraîche épaisse
- 1 gousse d'ail
- Ciboulette
- Persil
- 1 betterave crue
- Sel et poivre

Coupez 6 tranches fines de betterave cuite et découpez dedans des formes (feuilles, étoiles…) à l'aide d'un petit emporte-pièce. Collez-les sur les parois des verrines, d'un seul côté.

Coupez 180 g de betterave cuite en dés et placez ceux-ci dans les verrines.

Mixez 300 g de betterave cuite avec le fromage de chèvre frais et la crème liquide. Utilisez un mixeur plongeant pour bien émulsionner le mélange.

Salez, poivrez et ajoutez le cumin.

Versez cette crème mousseuse dans les verrines et placez au frais 1 heure.

Mélangez le fromage blanc, la crème épaisse, l'ail réduit en purée et les herbes ciselées. Salez et poivrez.

Versez cette crème dans les verrines et placez au frais.

Au moment de servir, décorez les verrines de betterave crue râpée.

Brochettes de Saint-Jacques

Préparation : 20 minutes • Cuisson : 2 minutes • Difficulté : ★ Budget : ★★

Pour 6 personnes

- 1 mangue bien mûre
- 18 noix de Saint-Jacques
- Beurre
- 1 cuil. à soupe de persil
- 3 tranches de bacon
- Sel et poivre

Épluchez et mixez la chair de la mangue.

Placez 2 cuil. à soupe de mangue mixée par verrine.

Faites dorer les noix de Saint-Jacques dans le beurre 1 minute sur chaque face. Saupoudrez-les de persil, salez légèrement et poivrez.

Placez les noix de Saint-Jacques sur des petites brochettes en les entourant partiellement de lamelles de bacon.

Servez aussitôt ces petites brochettes accompagnées de purée de mangue.

Brouillade aux crevettes

Préparation : 15 minutes • Cuisson : 10 minutes • Difficulté : ★ Budget : ★

Pour 4 verrines

- 8 œufs
- 1 cuil. à soupe d'huile d'olive
- Tabasco
- 2 cuil. à soupe de crème fraîche épaisse
- 10 brins de ciboulette
- 100 g de crevettes roses (cuites et décortiquées)
- 4 tranches de pain de mie
- Sel

Cassez les œufs dans une casserole, battez-les en omelette, salez, ajoutez l'huile et éventuellement 1 goutte de Tabasco.

Placez la casserole au bain-marie et mélangez sans arrêt à l'aide d'une cuillère en bois.

Au bout de 5 à 6 minutes, la brouillade va commencer à prendre, ajoutez la crème, la ciboulette ciselée (gardez-en pour la décoration) et les crevettes cuites et décortiquées. Finissez la cuisson en continuant de mélanger jusqu'à l'obtention d'une consistance onctueuse.

Versez dans les verrines. Décorez de brins de ciboulette et servez avec du pain toasté.

Calamars à la provençale

Préparation : 45 minutes • Cuisson : 10 minutes • Difficulté : ★ Budget : ★★

Pour 6 verrines

- 300 g de fromage blanc
- 2 cuil. à soupe de persil haché
- 3 gousses d'ail
- 2 poivrons marinés
- 2 cuil. à soupe de coulis de tomates
- 300 g de calamars
- 1 cuil. à soupe de margarine
- Sel et poivre

Mélangez le fromage blanc avec 1 cuil. à soupe de persil, 1 gousse d'ail finement hachée, salez et poivrez. Répartissez le tout dans les verrines.

Taillez les poivrons en petits morceaux, mélangez-les au coulis de tomates et ajoutez ce mélange aux verrines.

Coupez les calamars en dés et faites-les dorer dans la margarine 3 à 4 minutes. Ajoutez 2 gousses d'ail finement hachées, 1 cuil. à soupe de persil, salez et poivrez. Poursuivez la cuisson quelques minutes.

Placez les calamars dans les verrines et conservez au frais jusqu'au moment de servir.

Conseil : pour obtenir des calamars tendres, la cuisson doit être soit très courte, soit longue (45 minutes) ; entre deux, ils deviennent caoutchouteux.

Cappuccino de cèpes

Préparation : 30 minutes • Cuisson : 55 minutes • Difficulté : ★★ Budget : ★★

Pour 6 verrines

- 500 g de cèpes
- 3 échalotes
- Margarine
- 70 cl de bouillon de volaille
- 25 cl de crème liquide entière
- 1 cuil. à soupe de sésame
- Persil
- Sel et poivre

Nettoyez les cèpes et coupez-les en gros morceaux.

Faites revenir, dans une cocotte, les échalotes hachées finement dans la margarine pendant 1 à 2 minutes, sans les laisser se colorer.

Ajoutez ensuite les morceaux de cèpe, faites suer 5 minutes, puis ajoutez le bouillon de volaille. Salez et laissez cuire à feu doux 45 minutes.

Mixez le tout en laissant quelques morceaux, puis incorporez 15 cl de crème liquide. Rectifiez l'assaisonnement.

Fouettez le restant de crème en chantilly avec une pincée de sel.

Versez le velouté de cèpes chaud dans les verrines, puis déposez la chantilly à l'aide d'une poche à douille.

Faites griller quelques graines de sésame et décorez-en les verrines avec un brin de persil. Servez aussitôt.

Conseil : vous pouvez préparer le velouté et la chantilly à l'avance et les conserver au frais. Vous n'aurez plus qu'à réchauffer doucement le velouté et à dresser vos verrines au moment de servir. Il est possible de remplacer la moitié des cèpes par des champignons de Paris.

Cappuccino de poivrons

Préparation : 15 minutes • Cuisson : 10 minutes • Difficulté : ★ Budget : ★

Pour 6 verrines

- 3 poivrons rouges
- 1 cuil. à soupe d'huile d'olive
- 1 gousse d'ail
- 6 feuilles de basilic
- 6 tranches de lard
- 25 cl de crème fleurette
- Sel et poivre

Lavez et détaillez les poivrons en dés.

Dans une poêle, faites revenir à feu doux les poivrons avec l'huile d'olive pendant 5 minutes. Ajoutez l'ail pressé, les feuilles de basilic, salez et poivrez. Faites cuire encore quelques minutes.

Mixez les poivrons et remplissez les verrines.

Passez les tranches de lard au gril pendant 2 minutes.

Fouettez la crème fleurette en chantilly et couvrez-en la soupe de poivron.

Coiffez chaque verrine avec une chips de lard.

Carpaccio de saumon à la brousse

Préparation : 10 minutes • Repos : 1 heure • Difficulté : ★ Budget : ★★

Pour 6 verrines

- 220 g de saumon sauvage fumé
- Le jus de 1 citron
- 10 g de ciboulette
- 200 g de brousse
- 10 g d'œufs de saumon
- Poivre

Coupez le saumon en petits dés et mélangez-les au jus de citron.

Disposez-les dans le fond des verrines.

Rincez et émincez la ciboulette et mélangez-la à la brousse. Poivrez.

Remplissez le reste des verrines avec la brousse.

Décorez avec quelques œufs de saumon. Réservez 1 heure au frais.

Caviar d'aubergine

Préparation : 20 minutes • Cuisson : 40 minutes • Difficulté : ★ Budget : ★

Pour 6 verrines

- 2 aubergines
- 3 tomates
- 1 échalote
- 2 cuil. à soupe d'huile d'olive
- 1 gousse d'ail
- 10 feuilles de basilic
- Sel et poivre

Mettez les aubergines entières au four pendant 25 minutes à 210 °C (th. 7). Ébouillantez les tomates 1 ou 2 minutes pour détacher leur peau. Épluchez et détaillez-les en petits dés.

Dans une poêle faites revenir l'échalote émincée avec 1 cuil. à soupe d'huile d'olive. Ajoutez les tomates, assaisonnez et laissez réduire à feu doux pendant 15 minutes. Retirez du feu et laissez refroidir.

Mixez la chair des aubergines. Ajoutez 1 cuil. à soupe d'huile d'olive, l'ail, les feuilles de basilic et assaisonnez. Mixez jusqu'à obtenir un mélange homogène. Remplissez la moitié des verrines avec la sauce tomate et couvrez avec le caviar d'aubergine.

Ceviche de daurade

Préparation : 15 minutes • Marinade : 1 nuit • Difficulté : ★ Budget : ★★

Pour 4 verrines

- 600 g de filets de daurade
- 5 citrons verts
- 1 orange
- 2 oignons verts
- 2 piments verts (de petit calibre)
- 1 gousse d'ail
- Poivrons
- Sel

Enlevez les arêtes si nécessaire et détaillez les filets de daurade en dés de taille moyenne. Préparez la marinade : pressez les citrons verts ainsi que l'orange. Lavez et émincez les oignons verts. Coupez le piment en deux, enlevez les graines et taillez-le finement. Pelez et dégermez l'ail. Réduisez-le en purée.

Dans un saladier, placez les dés de poisson avec le jus de citron, le jus d'orange, les oignons et le piment émincés, l'ail et une pincée de sel. Laissez mariner une nuit. Le lendemain, au moment de servir, découpez quelques lamelles de poivrons pour la décoration. Égouttez le ceviche et dressez-le dans les verrines.Parsemez vos verrines de lamelles de poivrons et servez.

Charlottes de poivrons au fromage frais

Préparation : 40 minutes • Repos : 2 heures • Cuisson : 15 minutes • Difficulté : ★★ Budget : ★

Pour 6 verrines

- 1 poivron rouge
- 1 poivron jaune
- 3 tomates
- 2 gousses d'ail
- Basilic
- 3 cuil. à soupe d'huile d'olive
- 300 g de fromage frais
- 2 cuil. à soupe de crème fraîche épaisse
- Romarin
- Sel et poivre

Coupez les poivrons en quatre, épépinez-les. Passez-les sous le gril du four jusqu'à ce que la peau commence à noircir. Sortez-les du four, mettez-les dans un sac congélation pour 10 minutes puis retirez la peau. Placez les tomates dans un plat creux, ajoutez l'ail haché, le basilic, salez, poivrez et arrosez d'huile d'olive. Couvrez d'un film alimentaire et laissez reposer 2 heures minimum.

Coupez de petites bandes régulières de poivron et tapissez le fond des verrines en alternant les couleurs. Nettoyez le haut des verrines à l'aide d'un papier absorbant. Travaillez le fromage frais avec la crème épaisse pour l'assouplir. Remplissez les verrines en alternant le fromage frais, les tomates coupées en rondelles et des morceaux de poivrons. Finissez par une couche de fromage frais. Décorez chaque verrine avec un brin de romarin.

Chèvre chaud et poires au romarin

Préparation : 20 minutes • Cuisson : 2 h 20 • Difficulté : ★★ Budget : ★

Pour 6 verrines

- 2 cuil. à soupe de miel
- Romarin
- 4 poires
- 6 petits chèvres frais
- Huile d'olive
- Fleur de sel

Pour les cristallines de poire

- 1 poire
- Sucre glace

Préchauffez le four à 110 °C (th. 3-4).

Préparez les cristallines : coupez une poire en fines tranches à l'aide d'une mandoline. Placez celles-ci sur une plaque de cuisson recouverte d'une feuille de papier sulfurisé et saupoudrez de sucre glace. Placez au four pour 2 heures. Laissez les tranches de poire refroidir dans le four éteint avant de les décoller délicatement.

Dans une casserole, versez un demi-litre d'eau, le miel, la branche de romarin et portez à ébullition. Épluchez et coupez les poires en dés, puis pochez-les dans l'eau bouillante au miel et au romarin pendant 15 minutes. Égouttez et réservez.

Placez les petits chèvres sur une plaque de cuisson recouverte de papier sulfurisé. Saupoudrez-les de romarin et d'un filet d'huile d'olive. Mettez-les sous le gril très chaud du four quelques minutes pour les faire dorer sans trop les faire fondre.

Répartissez les poires dans les verrines, déposez un chèvre chaud, saupoudrez de fleur de sel, décorez de cristallines de poire et d'une petite branche de romarin. Servez chaud.

Chutney de rhubarbe et mousse de foie gras

Préparation : 45 minutes • Repos : 6 heures • Cuisson : 50 minutes • Difficulté : ★★ Budget : ★★

Pour 6 personnes

Pour le chutney
- 200 g de rhubarbe
- 1 échalote
- 120 g de vergeoise
- 8 cl de vinaigre de cidre
- Sel et poivre

Pour la mousse
- 180 g de foie gras
- 22 cl de crème fleurette

Pour le décor
- 3 tranches de pain d'épices
- Fleur de sel

Pelez et coupez la rhubarbe en tronçons.

Pelez et émincez finement l'échalote. Mélangez la rhubarbe et la vergeoise, laissez mariner au moins 2 heures.

Versez la rhubarbe dans une casserole, ajoutez l'échalote et le vinaigre. Laissez cuire à feu doux pendant 45 minutes, en mélangeant régulièrement. Salez et poivrez. Versez dans un bocal et laissez refroidir.

Préparez la mousse : coupez le foie gras en petits morceaux, placez-les dans une casserole avec la crème et portez à ébullition puis laissez cuire à feu doux 5 à 6 minutes pour que le foie gras soit totalement fondu. Salez, poivrez et mixez le tout à l'aide d'un mixeur plongeant à soupe, laissez refroidir puis reposer 2 heures au frais.

Répartissez le chutney de rhubarbe dans les verrines. Fouettez la crème au foie gras jusqu'à l'obtention d'une mousse et, à l'aide d'une poche à douille, remplissez les verrines. Placez au frais 2 heures.

Poivrez, saupoudrez de fleur de sel et servez accompagné de mouillettes de pain d'épices.

Cocktail de gambas

Préparation : 20 minutes • Cuisson : 35 minutes • Difficulté : ★★ Budget : ★★★

Pour 6 verrines

- 6 feuilles de brick
- 30 g de beurre
- 30 gambas
- 3 cuil. à soupe de mayonnaise
- 2 cuil. à soupe de ketchup
- Tabasco
- 1 cuil. à soupe de whisky
- 12 asperges vertes
- 50 g de graines germées

Préchauffez le four à 180 °C (th. 6).

Coupez les feuilles de brick afin d'obtenir des disques de 20 cm de diamètre. Badigeonnez-les de beurre fondu et placez-les dans des coupelles allant au four et largement beurrées (ces coupelles devront être de même diamètre que les verrines utilisées pour la présentation). Formez des corolles évasées et maintenez-les en place avec une boule de papier sulfurisé placée au centre. Mettez au four 10 minutes.

Lorsque les corolles sont bien dorées, démoulez-les, placez le fond vers le haut et continuez la cuisson 10 minutes afin de les faire dorer.

À la fin de la cuisson, les corolles doivent être entièrement dorées. Réservez dans un endroit sec.

Décortiquez les gambas en laissant l'extrémité de la queue. Mélangez la mayonnaise, le ketchup, le whisky et le Tabasco. Épluchez et faites cuire les asperges.

Au moment de servir, placez quelques graines germées dans les verrines, positionnez les corolles, mettez 2 gambas au fond et 1 cuil. à café de sauce. Placez 2 asperges, des gambas à cheval sur la corolle et des graines germées au centre. Servez accompagné d'une coupelle de sauce.

Conseil : ne réalisez le montage qu'au moment de servir afin d'éviter que la corolle ne ramollisse.

Confit d'oignons à la vergeoise et brochettes de foies de volaille

Préparation : 30 minutes • Cuisson : 45 minutes • Difficulté : ★ Budget : ★★

Pour 6 personnes

- 500 g d'oignons rouges
- 2 cuil. à soupe d'huile d'olive
- 2 cuil. à soupe de vergeoise brune
- 5 cl de vinaigre de framboise
- 300 g de foie de canard confit
- Sel et poivre

Coupez les oignons en fines lamelles. Faites chauffer l'huile d'olive dans une sauteuse et faites-y blondir les oignons à feu doux.

Ajoutez la vergeoise, mélangez puis ajoutez le vinaigre. Salez, poivrez et laissez compoter 30 minutes à feu très doux en mélangeant de temps en temps. Le confit prend une belle couleur brune.

Conservez le confit dans un bocal à confiture, laissez refroidir.

Réchauffez le foie de canard, en suivant les instructions (au bain-marie ou au micro-ondes) afin de retirer le maximum de graisse. Coupez le foie en morceaux et placez-le sur de petites brochettes.

Placez du confit d'oignons dans les verrines et servez accompagné de brochettes.

Confits de figues et fromage

Préparation : 10 minutes • Cuisson : 30 minutes • Difficulté : ★ Budget : ★★

Pour 6 petites verrines

- 400 g de figues
- 2 cuil. à soupe de sucre
- 200 g de gouda fruité
- Bretzels (sticks)

Réservez 2 figues et coupez les autres en quatre.

Déposez-les dans une casserole avec le sucre et 2 cuil. à soupe d'eau.

Laissez-les cuire à feu doux 30 minutes environ, en mélangeant de temps en temps. Laissez refroidir.

Versez le confit de figues dans les verrines. Coupez le fromage en dés et utilisez les bretzels comme piques.

Décorez chaque verrine avec un quart de figue.

Conseil : vous trouverez dans le commerce des confits de figues prêts à l'emploi ou, à défaut, de la confiture de figues, mais souvent très sucrée.

Crabe au pamplemousse vert et à l'avocat

Préparation : 45 minutes • Repos : 1 heure • Cuisson : 5 minutes • Difficulté : ★ Budget : ★★

Pour 4 verrines

- 10 cl de coulis de tomates
- ½ cuil. à café de céleri en poudre
- ½ cuil. à café d'agar-agar
- 1 pamplemousse vert
- 2 avocats bien mûrs
- Piment de Cayenne
- 140 g de chair de crabe
- 1 cuil. à café de baies roses
- Persil
- Sel

Portez à ébullition le coulis de tomates dilué avec 4 cuil. à soupe d'eau, ajoutez le céleri en poudre et l'agar-agar. Laissez bouillir 1 minute puis laissez tiédir.

Lavez bien le pamplemousse. Prélevez quelques zestes et réservez-les. Épluchez le pamplemousse à vif afin de récolter la pulpe.

Placez la chair des avocats dans le bol d'un mixeur avec la chair de la moitié du pamplemousse, le piment et mixez le tout jusqu'à l'obtention d'une purée bien lisse. Salez et versez cette purée dans les verrines pour les remplir à moitié. Nappez de coulis de tomates et placez les verrines au frais jusqu'à ce qu'elles gélifient.

Égouttez la chair de crabe, mélangez-la à la seconde moitié de pamplemousse, ajoutez les baies et du persil haché. Déposez le crabe sur le gélifié de tomates.

Décorez avec les zestes de pamplemousse vert et placez au frais. Servez bien frais.

Conseil : vous pouvez remplacer l'agar-agar par ½ feuille de gélatine que vous aurez fait ramollir dans l'eau froide.

Crème brûlée au roquefort et mousse de poire

Préparation : 30 minutes • Repos : 4 heures • Cuisson : 2 h 50 • Difficulté : ★ Budget : ★

Pour 6 mini verrines

- 16 cl de crème liquide
- 2 jaunes d'œufs
- 60 g de roquefort

Pour la mousse

- 16 cl de crème liquide
- Sucre glace
- 2 poires

Fouettez les jaunes d'œufs et ajoutez la crème doucement pour ne pas faire de mousse.

Versez dans des verrines allant au four et ajoutez le fromage coupé en morceaux.

Faites cuire 50 minutes à 110 °C (th. 3-4).

Coupez 1 poire en fines tranches à l'aide d'une mandoline, placez-les sur une plaque de cuisson recouverte d'une feuille de papier sulfurisé et saupoudrez de sucre glace. Placez cette plaque en même temps dans le four si vous possédez la fonction « chaleur tournante ». Les tranches de poire doivent cuire de 1 h 30 à 2 heures et sécher sans brûler. Baissez la température si elles prennent une coloration.

Laissez-les refroidir dans le four éteint.

Réduisez la seconde poire en purée (avec une râpe fine) et mélangez-la à la crème. Placez au frais pendant 4 heures.

Montez la crème en chantilly. Placez la mousse de poire sur la crème brûlée refroidie et décorez d'une lamelle de poire.

Conseil : si, au bout de 50 minutes, votre crème brûlée est encore trop liquide, augmentez la température à 160 °C (th. 5-6) pendant 5 minutes.
Mais attention à ne pas la faire bouillir !

Crème d'aubergine à l'ail et au sésame

Préparation : 15 minutes • Cuisson : 25 minutes • Difficulté : ★ Budget : ★

Pour 2 personnes

- 2 aubergines
- Huile d'olive
- 4 gousses d'ail
- 5 cl de crème de soja
- 2 cuil. à café de pâte de sésame (tahin)
- ½ cuil. à café de gomasio
- Graines de sésame
- Graines germées d'alfalfa
- Poivre

Découpez les aubergines en deux, dans le sens de la longueur. Placez vos aubergines dans un plat puis versez un filet d'huile d'olive. Disposez-les sous le gril 20 minutes environ. Récupérez la pulpe. Réservez.

Dans une casserole remplie d'eau bouillante, blanchissez les 4 gousses d'ail, préalablement pelées et dégermées. Dans un saladier, ajoutez à la pulpe d'aubergine les gousses d'ail réduites en purée. Mixez finement à l'aide d'un blender ou d'un plongeur mixant et versez peu à peu la crème de soja. Ajoutez ensuite la pâte de sésame, le gomasio et un peu de poivre. Mixez à nouveau, goûtez et rectifiez l'assaisonnement si nécessaire.

Dressez la crème d'aubergine dans de petits plats et disposez sur le dessus les pousses d'alfalfa et quelques graines de sésame grillées. Dégustez.

Crème de chou-fleur

Préparation : 20 minutes • Cuisson : 40 minutes • Difficulté : ★ Budget : ★★

Pour 6 personnes

- 600 g de chou-fleur
- 50 cl de lait
- 100 g de lardons
- 20 cl de crème liquide
- 6 tranches de bacon
- 30 g de beurre demi-sel
- Cerfeuil
- Sel et poivre

Faites cuire le chou-fleur dans une grande casserole d'eau salée pendant 15 minutes.

Égouttez-le et replacez-le dans la casserole avec le lait et les lardons.

Laissez cuire 20 minutes à feu doux, jusqu'à ce que le chou-fleur soit très tendre. Ajoutez la crème, salez, poivrez et mixez le tout au mixeur plongeant.

Faites frire les tranches de bacon dans le beurre.

Versez la crème de chou-fleur dans les verrines et servez accompagné de bacon frit. Décorez de cerfeuil ou de persil.

Crème de courgette aux 5 baies

Préparation : 30 minutes • Cuisson : 5 minutes • Difficulté : ★ Budget : ★

Pour 4 verrines

- 3 courgettes
- 30 cl de crème liquide entière
- 5 branches de thym citronné
- 1 cuil. à café de mélange cinq baies
- Sel et poivre

Lavez bien les courgettes, coupez-les en morceaux et mixez-les sans les peler.

Chauffez la crème. Retirez-la du feu lorsqu'elle commence à frémir puis plongez les branches de thym et les baies. Laissez infuser pendant 15 minutes.

Incorporez la crème infusée aux courgettes et mixez jusqu'à ce que la texture soit bien onctueuse. Assaisonnez. Réservez au frais avant de servir.

Crème de potimarron

Préparation : 15 minutes • Cuisson : 35 minutes • Difficulté : ★ Budget : ★

Pour 6 verrines

- 500 g de potimarron
- 30 cl de crème liquide
- 1 cuil. à café de noix de muscade en poudre
- 50 g de parmesan râpé
- Sel et poivre

Cuisez la chair du potimarron dans 1,5 l d'eau salée pendant 30 minutes.

Mixez avec la crème et la muscade. Assaisonnez.

Dans une casserole, faites cuire la crème avec le parmesan râpé, à feu doux pendant 5 minutes.

Remplissez les verrines et parsemez de parmesan. Dégustez.

Crème de potiron aux moules

Préparation : 30 minutes • Cuisson : 30 minutes • Difficulté : ★ Budget : ★

Pour 6 personnes

- 500 g de moules
- 20 g de beurre
- 1 échalote
- Persil
- 15 cl de vinaigre de vin blanc
- 400 g de potiron
- 15 cl de crème liquide
- ½ cuil. à café de gingembre en poudre
- Sel et poivre

Grattez les moules et lavez-les.

Dans une grande cocotte, faites fondre le beurre et mettez l'échalote finement hachée à fondre. Ajoutez les moules, une branche de persil et le vinaigre de vin blanc. Salez légèrement, poivrez, couvrez et mettez à cuire à feu vif, en mélangeant de temps en temps.

Arrêtez la cuisson au bout de 10 minutes lorsque toutes les moules sont ouvertes. Égouttez les moules, retirez-les des coquilles et filtrez le jus.

Épluchez et coupez le potiron en petits cubes de 3 cm de côté environ. Mettez-les à cuire dans une casserole d'eau bouillante salée 15 minutes puis égouttez-les.

Mixez le potiron cuit avec la crème liquide, le jus de cuisson des moules et le gingembre à l'aide d'un mixeur plongeant, jusqu'à l'obtention d'une crème. Salez et poivrez.

Placez les moules dans les verrines et versez la crème de potiron. Décorez d'un brin de persil et d'une moule en brochette.

Crème de potiron et crabe

Préparation : 45 minutes • Cuisson : 40 minutes • Difficulté : ★ Budget : ★★★

Pour 6 verrines

- 1 oignon
- Beurre
- 500 g de potiron
- 1 cube de bouillon de légumes
- 15 cl de crème liquide entière
- 300 g de chair de crabe
- 100 g d'œufs de poisson
- Persil
- 1 cuil. à café de piment d'Espelette en poudre
- Sel et poivre

Faites revenir l'oignon émincé dans un peu de beurre. Ajoutez le potiron coupé en dés puis faites revenir le tout. Couvrez d'eau et ajoutez le cube de bouillon. Laissez cuire 30 minutes.

Lorsque la cuisson est terminée, mixez le tout en soupe épaisse. Salez et poivrez. Laissez refroidir puis ajoutez la crème montée en chantilly.

Répartissez la moitié du crabe dans les verrines, nappez de crème de potiron, puis placez le restant du crabe.

Décorez d'œufs de poisson, de brins de persil et saupoudrez de piment en poudre. Servez frais.

Crèmes brûlées au chèvre et aux pignons

Préparation : 10 minutes • Cuisson : 5 minutes • Difficulté : ★ Budget : ★

Pour 6 verrines

- 2 jaunes d'œufs
- 15 cl de crème liquide
- 60 g de chèvre frais
- 2 cuil. à soupe de pignons de pin
- Roquette
- 6 tomates cerise

Préchauffez le four à 110 °C (th. 3-4).

Fouettez les jaunes d'œufs et ajoutez la crème doucement pour ne pas créer de mousse. Versez dans des verrines pouvant aller au four, ajoutez le fromage coupé en morceaux et la moitié des pignons.

Faites cuire 50 minutes au four, puis laissez refroidir.

Faites griller à sec dans une poêle l'autre moitié des pignons.

Au moment de servir, décorez chaque verrine de feuilles de roquette, de pignons grillés et d'une tomate cerise.

Crèmes de petits pois

Préparation : 30 minutes • Repos : 2 heures • Cuisson : 20 minutes • Difficulté : ★ Budget : ★★

Pour 6 verrines

- 1 cube de bouillon de volaille
- 600 g de petits pois
- 80 g de lardons
- 1 oignon
- 4 feuilles de gélatine
- 15 cl de crème liquide
- 150 g de magrets de canard
- Sel et poivre

Faites bouillir 50 cl d'eau avec le cube de bouillon de volaille, ajoutez les petits pois, les lardons, l'oignon finement haché, salez et laissez cuire 20 minutes.

Égouttez les petits pois, les lardons et les oignons en conservant le bouillon.

Prélevez 18 cl de bouillon et ajoutez la gélatine préalablement ramollie dans de l'eau froide.

Répartissez un tiers des petits pois, lardons et oignons dans les verrines et versez le bouillon par-dessus. Laissez refroidir et placez au frais pour que la gélatine prenne.

Mixez le restant de petit pois, lardons et oignons avec 15 cl de bouillon et la crème, salez et poivrez. Réservez au frais et versez dans les verrines lorsque la gelée est prise.

Déposez les filets de magret de canard émincé et décorez de petits pois.

Croustillants au chèvre

Préparation : 20 minutes • Cuisson : 30 minutes • Difficulté : ★ Budget : ★★

Pour 6 verrines

- 1 bûchette de fromage de chèvre
- 5 tomates confites
- 10 feuilles de brick
- 1 bouquet de basilic
- 20 g de beurre
- 2 cuil. à soupe d'huile d'olive
- 100 g de roquette
- Sel et poivre

Préchauffez le four à 180 °C (th. 6).

Coupez la bûche de chèvre en tronçons, puis coupez à nouveau ceux-ci en deux.

Coupez les tomates confites en lamelles et effeuillez le basilic.

Déposez en long le chèvre, aux deux tiers de la largeur des feuilles de brick, et ajoutez 1 à 2 feuilles de basilic ainsi que des lamelles de tomates confites.

Roulez la feuille de brick, pliez les côtés, badigeonnez de beurre fondu les 2 derniers centimètres puis roulez à nouveau afin de former un cigare.

Badigeonnez-les de beurre et faites-les dorer 20 minutes au four.

Pendant ce temps, faites chauffer un fond d'huile d'olive dans une petite casserole et plongez-y les feuilles de basilic restantes jusqu'à ce qu'elles deviennent translucides. Elles ne doivent pas brunir. Si c'est le cas, baissez le feu. Déposez-les ensuite sur du papier absorbant.

Garnissez des verrines évasées de roquette.

Lorsque les croustillants sont prêts, coupez-les en deux en diagonale. Placez-les dans les verrines. Ajoutez les feuilles de basilic frites, les lamelles de tomate restantes et servez.

Conseil : vous pouvez préparer à l'avance vos feuilletés. Conservez-les au frais et passez-les au four juste avant de servir.

Crumble aux courgettes

Préparation : 30 minutes • Cuisson : 20 minutes • Difficulté : ★ Budget : ★

Pour 6 personnes

- 3 échalotes
- Huile d'olive
- 3 courgettes
- 100 g de beurre
- 60 g de farine
- 40 g de chapelure
- 70 g de parmesan râpé
- Basilic
- Sel et poivre

Émincez les échalotes et faites-les revenir dans l'huile d'olive. Laissez la peau des courgettes et coupez-les en petits cubes, ajoutez-les aux échalotes, faites-les dorer puis laissez-les cuire à feu doux 15 minutes. Salez et poivrez.

Dans un bol, écrasez le beurre en pommade à l'aide d'une fourchette. Ajoutez la farine, la chapelure, le parmesan râpé et du basilic ciselé, mélangez du bout des doigts afin d'obtenir un gros sablé. Placez au frais 30 minutes.

Versez les légumes dans les verrines et émiettez le crumble au-dessus. Placez dans un four à 180 °C (th. 6) pour 20 minutes. Le crumble doit légèrement dorer.

Doux poivrons

Préparation : 30 minutes • Cuisson : 30 minutes • Difficulté : ★ Budget : ★★

Pour 6 verrines

- 2 poireaux
- 1 cuil. à soupe d'huile d'olive
- 3 poivrons verts
- 1 cube de bouillon de légumes
- Ciboulette
- 2 cuil. à soupe de crème fraîche épaisse
- 1 concombre
- 1 poivron rouge
- 1 cuil. à café de paprika
- Sel et poivre

Coupez les poireaux en tronçons et lavez-les.

Faites chauffer l'huile dans une poêle, faites suer les poireaux. Ajoutez 2 poivrons verts épépinés et coupés en morceaux, ajoutez le cube de bouillon, 30 cl d'eau, salez, poivrez et laissez cuire 20 minutes.

Ajoutez quelques brins de ciboulette et mixez à l'aide d'un mixeur plongeant. Lorsque vous obtenez une consistance uniforme, ajoutez la crème fraîche et réservez.

Coupez le concombre, le poivron rouge et le poivron vert restant en brunoise (tout petits dés).

Répartissez les légumes dans les verrines, versez la crème de poivrons et finissez par déposer le restant de brunoise. Saupoudrez de paprika.

Au moment de servir, décorez de brins de ciboulette.

Espuma au saké et aux œufs de lump

Préparation : 10 minutes • Difficulté : ★ Budget : ★

Pour 6 verrines

- 20 cl de crème liquide entière
- 2 cl de saké
- 100 g d'œufs de lump rouges
- 100 g d'œufs de lump noirs

Fouettez la crème et le saké. Versez le tout dans un siphon avec une cartouche de gaz. Secouez.

Versez une première couche d'espuma de saké au fond de chaque verrine.

Mettez une couche d'œufs de lump rouges et recouvrez avec l'espuma de saké.

Ajoutez une couche d'œufs de lump noirs, une autre d'espuma et terminez les verrines avec des œufs de lump rouges. Servez bien frais.

Espuma d'avocat et son saumon

Préparation : 20 minutes • Repos : 1 heure • Difficulté : ★ Budget : ★★

Pour 6 verrines

- 2 avocats
- 16 cl de crème liquide entière
- Le jus de 1 citron
- ¼ cuil. à café de piment d'Espelette en poudre
- 300 g de saumon fumé
- Aneth
- 1 citron vert
- Sel

Épluchez et coupez les avocats en morceaux. Placez la chair dans le bol d'un mixeur avec la crème, la moitié du jus de citron et mixez finement. Ajoutez le piment, salez et passez le mélange au tamis.

Versez le tout dans la cuve d'un siphon, fermez-le bien et ajoutez 2 cartouches de gaz. Secouez et réservez au frais pour 1 heure.

Mélangez le saumon avec la seconde moitié du jus de citron et l'aneth, puis répartissez le saumon dans les verrines.

Au moment de servir, secouez le siphon énergiquement et dressez l'espuma d'avocat sur le saumon.

Décorez avec 1 brin d'aneth et 1/2 rondelle de citron vert avant de servir.

Espuma de morilles et chips au lard

Préparation : 15 minutes • Repos : 1 heure • Cuisson : 27 minutes • Difficulté : ★ Budget : ★★

Pour 4 verrines

- 400 g de morilles
- 20 g de beurre
- 1 échalote
- 20 g de coriandre
- 20 cl de crème liquide entière
- Sel et poivre

Rincez les morilles sous l'eau puis séchez-les délicatement. Préparez l'émulsion : dans une casserole beurrée, faites suer l'échalote émincée. Ajoutez les morilles et la coriandre. Salez et poivrez. Laissez cuire à feu moyen pendant 10 minutes. Ajoutez la crème liquide, portez à ébullition pendant 2 minutes. Laissez frémir encore 5 minutes à feu doux. Retirez et laissez refroidir.

Versez le tout dans un siphon. Placez au réfrigérateur pendant 1 heure minimum. Avant de servir, faites griller le lard au four à 180 °C (th. 6), pendant 10 minutes. Remplissez les verrines avec l'espuma de morilles à l'aide du siphon à gaz. Puis plantez-y les chips de lard.

Espuma de pommes de terre au caviar de boudin noir

Préparation : 10 minutes • Cuisson : 30 minutes • Difficulté : ★★ Budget : ★★

Pour 4 personnes

- 300 g de pommes de terre
- 20 cl de crème liquide
- 10 cl de lait
- 50 g de beurre
- 1 boudin noir
- Sel et poivre

Lavez et pelez les pommes de terre. Coupez-les en gros morceaux et faites-les cuire dans une casserole d'eau salée pendant 25 minutes environ.

Écrasez les pommes de terre au presse-purée. Ajoutez la crème liquide, le lait et le beurre fondu. Salez et poivrez. Mélangez et filtrez à travers un tamis fin en tassant la purée avec une cuillère. Versez dans le siphon la purée de pommes de terre. Fermez. Insérez une cartouche de gaz.

Enlevez la peau du boudin. Écrasez-le avec une fourchette. Faites chauffer une noix de beurre dans une poêle. Ajoutez le boudin et faites-le cuire pendant 2 minutes. Répartissez dans des verres une couche de boudin. Secouez le siphon et répartissez l'espuma tiède sur la couche de caviar de boudin.

Espuma et brunoise d'artichaut au foie gras

Préparation : 1 h 30 • Cuisson : 15 minutes • Difficulté : ★★ Budget : ★★★

Pour 6 verrines

- 60 g de poivrons rouges
- ¼ d'oignon
- 30 g de beurre
- 550 g de fonds d'artichaut
- 6 cuil. à café d'huile de noisette
- Ciboulette
- 50 cl de crème entière à 35 % de matière grasse
- ½ cube de bouillon de volaille
- 100 g de foie gras de canard
- 6 feuilles de persil plat
- Sel et poivre

Coupez le poivron et l'oignon en petits cubes.

Faites-les suer à feu très doux avec le beurre, en remuant, jusqu'à ce que l'oignon devienne translucide. Le mélange ne doit pas colorer.

Ajoutez 275 g de fonds d'artichaut coupés en dés et laissez cuire à feu très doux pendant 3 minutes.

Stoppez le feu et ajoutez 3 cuil. à café d'huile de noisette et la ciboulette. Salez, poivrez et réservez.

Mettez la crème dans une petite casserole avec le demi-cube de bouillon de volaille et faites cuire doucement jusqu'à ce que le cube ait complètement fondu.

Ajoutez le restant des fonds d'artichaut coupés en morceaux et faites cuire le tout 5 minutes à feu doux. Sortez du feu et mixez. Ajoutez 3 cuil. à café d'huile de noisette. Salez si nécessaire, poivrez. Mélangez bien et filtrez.

Mettez le mélange dans votre siphon avec une cartouche de gaz et placez-le au réfrigérateur pendant une heure.

Salez et poivrez le foie de canard puis faites-le cuire dans une poêle anti-adhésive sans matière grasse. Réservez.

Au moment de servir, disposez la brunoise d'artichaut au fond de chaque verrine. Par-dessus, mettez une couche d'espuma d'artichaut.

Terminez en disposant un triangle de foie gras et une feuille de persil plat.

Faisselles aux herbes et gambas

Préparation : 20 minutes • Repos : 1 heure • Difficulté : ★ Budget : ★★

Pour 6 verrines

- 600 g de faisselle
- 400 g de gambas
- 2 cuil. à soupe d'huile d'olive
- 2 cuil. à café de basilic déshydraté
- 1 cuil. à café de confit de tomates séchées
- 8 tomates confites
- 2 gousses d'ail
- 1 cuil. à café d'herbes de Provence
- Thym
- Sel et poivre

Faites s'égoutter la faisselle pendant 1 heure.

Arrosez les gambas d'huile d'olive, ajoutez la moitié du basilic et le confit de tomates séchées.

Coupez les tomates confites en petits morceaux. Mélangez la faisselle avec l'ail finement haché, les herbes de Provence, le reste de basilic, salez et poivrez.

Dans les verrines, placez les gambas puis les tomates confites et couvrez de faisselle aux herbes.

Déposez 2 gambas et un morceau de tomate confite sur la faisselle, décorez d'un brin de thym et réservez au frais.

Conseil : si vous n'avez pas laissé la faisselle s'égoutter pendant 1 heure, servez rapidement vos verrines pour éviter que le liquide ne s'écoule sur les gambas.

Féroce

Préparation : 35 minutes • Repos : 1 nuit • Cuisson : 10 minutes • Difficulté : ★★ Budget : ★★

Pour 8-10 verrines

- 400 g de morue
- 3 avocats
- 1 gousse d'ail
- 2 oignons
- 1 citron vert
- 10 cl d'huile d'olive
- 1 cuil. à soupe de vinaigre de vin
- Tabasco
- 20 cl de lait de coco
- 150 g de farine de manioc
- Sel et poivre

La veille, dessalez la morue dans une grande quantité d'eau. Changez l'eau deux à trois fois et laissez la morue tremper toute la nuit.

Le jour même, faites cuire la morue dans une grande quantité d'eau bouillante, pendant 10 minutes environ, à feu doux. Puis égouttez-la, retirez la peau et les arêtes et émiettez-la finement.

Coupez les avocats en deux, enlevez les noyaux et récupérez la chair. Épluchez et ciselez la gousse d'ail et les oignons. Coupez le piment en deux, enlevez les graines et taillez-le finement.

Dans un saladier, mélangez la chair d'avocat, la morue émiettée, l'ail et l'oignon. Pressez le citron et versez le jus dans le saladier. Ajoutez l'huile, le vinaigre et quelques gouttes de Tabasco. Écrasez le tout à l'aide d'une fourchette afin d'obtenir un mélange fin et homogène.

Versez ensuite le lait de coco et la farine de manioc. Mélangez de nouveau le tout. Assaisonnez de sel et de poivre selon le goût. Le féroce est un plat très relevé.

Dressez la préparation dans des verrines et conservez au réfrigérateur jusqu'au moment de servir.

Conseil : vous trouverez la farine de manioc dans les épiceries exotiques.

Flans printaniers

Préparation : 20 minutes • Cuisson : 30 minutes • Difficulté : ★ Budget : ★

Pour 6 personnes

- 100 g de petits pois
- 100 g de carottes (petites)
- 100 g de haricots verts
- 50 g d'oignons blancs
- 2 œufs
- 100 g de ricotta
- 11 cl de lait
- Basilic
- Roquette
- 12 asperges vertes
- 6 tomates cerise
- 100 g de gésiers de volaille
- Sel et poivre

Préchauffez le four à 180 °C (th. 6). Lavez les légumes et coupez, en petits tronçons, les carottes et les haricots verts. Épluchez et coupez en quatre les oignons.

Répartissez tous les légumes dans 6 verrines pouvant aller au four.

Battez les œufs, la ricotta et le lait, ajoutez le basilic, salez et poivrez. Versez cette préparation sur les légumes pour qu'elle les recouvre à hauteur.

Mettez au four dans un bain-marie à 180 °C (th. 6) pour 30 minutes.

À la sortie du four laissez refroidir puis placez au frais.

Au moment de servir, déposez sur les flans quelques feuilles de roquette, les asperges, les tomates cerise coupées en deux et quelques morceaux de gésiers. Accompagnez d'une vinaigrette.

Foie gras et chutney de fruits rouges

Préparation : 20 minutes • Cuisson : 50 minutes • Difficulté : ★ Budget : ★★★

Pour 4 verrines

- 250 g de fruits rouges frais
- 2 échalotes
- 100 g de sucre
- 5 cl de vinaigre de framboise
- 200 g de foie gras

Nettoyez, égrappez et équeutez les fruits rouges que vous mettrez dans une casserole avec les échalotes émincées, le sucre et le vinaigre.

Portez à ébullition puis laissez cuire à feu doux 50 minutes environ jusqu'à l'obtention d'une compote.

Laissez refroidir et versez dans les verrines.

Coupez le foie gras et placez-le sur le chutney. Décorez de groseilles fraîches.

Conseil : vous pouvez utiliser des fruits surgelés mais décongelez-les au préalable et égouttez-les bien. Le temps de cuisson peut, dans ce cas, être rallongé.

Foie gras façon lucullus

Préparation : 40 minutes • Repos : 30 minutes • Cuisson : 2 minutes • Difficulté : ★ Budget : ★★★

Pour 6 verrines

- 300 g de foie gras
- 300 g de langue de bœuf
- 6 tranches de pain brioché
- 3 kumquats
- Graines germées

Coupez le foie gras en tranches. Alternez les tranches de foie gras et de langue, pressez légèrement et placez au frais 30 minutes.

Grillez les tranches de pain brioché et coupez des disques à placer au fond des verrines.

Coupez la superposition de foie gras et de langue en carrés, puis placez la moitié de ceux-ci sur des petites piques en bois avec un kumquat.

Répartissez le restant de foie gras et de langue dans les verrines, placez les mini brochettes et décorez de graines germées.

Servez accompagné de pain brioché toasté.

Conseil : le lucullus est une spécialité de Valenciennes, une ville du Nord de la France. C'est un feuilleté de langue de bœuf fumée et de mousse de foie gras, le mariage du robuste et du délicat. Il est conseillé de le déguster sur un toast chaud.

Fricassée de Saint-Jacques aux cèpes

Préparation : 45 minutes • Cuisson : 45 minutes • Difficulté : ★ Budget : ★★★

Pour 6 verrines

- 1 cuil. à soupe d'huile d'olive
- 300 g de cèpes
- 1 cuil. à soupe de persil haché
- 2 gousses d'ail
- 1 cuil. à café de fond de poisson
- 15 cl de crème fleurette
- 20 g de parmesan râpé
- 30 g de beurre
- 20 copeaux de parmesan
- 24 noix de Saint-Jacques
- Persil
- Sel et poivre

Faites chauffer l'huile dans une poêle, puis faites revenir les cèpes coupés en gros morceaux.

Ajoutez le persil, l'ail et laissez cuire jusqu'à ce que l'eau de végétation soit totalement évaporée. Ajoutez le fond de poisson, dilué dans 10 cl d'eau chaude, puis la crème.

Laissez mijoter 5 minutes à feu doux puis ajoutez 20 g de parmesan râpé et rectifiez l'assaisonnement.

Faites chauffer le beurre et un peu d'huile d'olive dans une grande poêle. Lorsque la poêle est bien chaude, faites dorer les noix de Saint-Jacques 1 minute de chaque côté. Salez et poivrez.

Répartissez les cèpes dans les verrines, déposez les noix de Saint-Jacques, décorez de copeaux de parmesan et d'un brin de persil. Servez aussitôt.

Gaspacho aux poivrons et aux tomates

Préparation : 25 minutes • Repos : 30 minutes • Cuisson : 30 minutes • Difficulté : ★ Budget : ★

Pour 4-5 personnes

- 3 poivrons
- 6 tomates
- 30 cl de bouillon de volaille
- Tabasco
- Sauce Worcestershire
- Huile d'olive
- Tomate confite
- Basilic
- Sel et poivre

Lavez les poivrons et les tomates. Passez les poivrons sous le gril environ 30 minutes afin de les éplucher plus facilement. Détaillez-les en morceaux.

Mondez les tomates (entaillez-les d'une croix et plongez-les quelques secondes dans l'eau bouillante, puis rafraîchissez-les dans l'eau glacée afin de retirer la peau plus facilement), coupez-les en quatre et retirez les pépins.

Mixez le tout avec le bouillon de volaille. Assaisonnez de sel, de poivre, de 4 gouttes de Tabasco, d'un trait de Worcestershire sauce et d'un filet d'huile d'olive. Réservez au frais au moins 30 minutes. Répartissez la préparation dans des verres, décorez d'une tomate confite et d'une feuille de basilic. Dégustez frais.

Gaspacho de betteraves et pomme

Préparation : 1 heure • Congélation : 3 heures • Difficulté : ★★ Budget : ★

Pour 10 verrines

- 20 cl de jus de pomme
- 2 betteraves cuites
- 1 pomme granny-smith
- 100 g de concombre
- 1 échalote
- ¼ cuil. à café de piment d'Espelette
- 1 cuil. à soupe d'huile d'olive
- Poivre

La veille, diluez 10 cl de jus de pomme avec 5 cl d'eau. Versez le tout dans un bac à glaçons. Placez au congélateur.

Taillez les betteraves en dés. Épluchez la pomme, le concombre et l'échalote, coupez-les en morceaux. Placez le tout dans le bol d'un mixeur, ajoutez 10 cl de jus de pomme et mixez jusqu'à l'obtention d'une texture homogène.

Ajoutez le piment, l'huile et poivrez. Versez dans les verrines et servez avec un glaçon de jus de pomme.

Gaspacho de concombre

Préparation : 10 minutes • Repos : 2 heures • Difficulté : ★ Budget : ★

Pour 6 verrines

- ¼ de concombre
- ½ gousse d'ail
- 1 cuil. à café d'huile d'olive
- 2 cuil. à soupe de lait
- ¼ tranche de pain de mie
- 1 cuil. à café de vinaigre de vin blanc à l'estragon
- Menthe
- 1 cuil. à café de fromage frais à l'ail et aux fines herbes
- Tabasco
- 6 croûtons à l'ail
- Sel et poivre

Pelez le concombre et coupez-le en morceaux.

Réduisez la demi-gousse d'ail en purée à l'aide d'un presse-ail.

Mixez les morceaux de concombre.

Ajoutez l'ail, l'huile d'olive, le lait, le pain de mie, le vinaigre, de la menthe, le fromage ail et fines herbes, le sel, le poivre, et quelques gouttes de Tabasco et mixez à nouveau.

Mettez au réfrigérateur pendant au moins 2 heures. Au moment de servir, versez un peu de gaspacho dans chaque verre et disposez un croûton dessus.

Gaspacho glacé de betteraves

Préparation : 15 minutes • Repos : 2 heures • Difficulté : ★ Budget : ★

Pour 4 personnes

- 500 g de betteraves cuites
- 1 botte d'oignons blancs
- 3 cuil. à soupe de vinaigre balsamique
- Huile d'olive
- Sel et poivre

Épluchez les betteraves et coupez-les en morceaux.

Mettez-les dans le blender et ajoutez les oignons blancs coupés en morceaux, 25 cl d'eau, le vinaigre balsamique, l'huile d'olive ainsi que le sel et le poivre. Mixez.

Filtrez le tout au chinois.

Réservez au frais au moins 2 heures et servez bien frais.

Granités de tomates et pesto

Préparation : 20 minutes • Cuisson : 1 minute • Congélation : 3 heures • Difficulté : ★★ Budget : ★

Pour 6 personnes

- 8 tomates
- 2 cuil. à soupe de concentré de tomates
- 2 gousses d'ail
- 1 cuil. à café de sucre
- 1 cuil. à soupe d'huile d'olive
- Tabasco
- 80 g de pesto
- Basilic
- Sel et poivre

Plongez les tomates dans une casserole d'eau bouillante pendant 1 minute.

Pelez-les, retirez les pépins et mixez la chair avec le concentré de tomates, l'ail et le sucre. Salez et poivrez.

Ajoutez l'huile d'olive et quelques gouttes de Tabasco.

Versez ce coulis dans un bac et placez-le au congélateur 3 heures. Toutes les demi-heures, remuez le tout avec une fourchette afin d'obtenir un granité.

Au moment de servir, placez 1 cuil. à soupe de pesto dans les verrines et déposez le granité. Décorez de feuilles de basilic. Servez rapidement.

Guacamole au saumon

Préparation : 15 minutes • Repos : 30 minutes • Difficulté : ★ Budget : ★★

Pour 4 verrines

Pour le guacamole

- 1 oignon nouveau
- 20 g de coriandre
- 3 avocats
- Le jus de ½ citron
- ¼ cuil. à café de piment d'Espelette en poudre
- 200 g de saumon (cuit et réduit en miettes)
- 40 cl de crème fraîche épaisse
- 4 cuil. à café d'œufs de poisson (type saumon)
- Sel

Préparez le guacamole : hachez l'oignon et la coriandre. Pelez les avocats. Mixez le tout. Ajoutez le jus de citron, le piment et salez. Mélangez.

Versez le guacamole dans le fond des verrines. Couvrez avec les miettes de saumon. Ajoutez une couche de crème fraîche et décorez le sommet des verrines avec les œufs de saumon. Servez bien frais.

Iles flottantes truffées et foie gras

Préparation : 40 minutes • Cuisson : 25 minutes • Difficulté : ★★ Budget : ★★★

Pour 6 verrines

- 4 jaunes d'œufs
- 60 cl de lait
- 150 g de foie gras
- 2 truffes (de petite taille)
- 3 blancs d'œufs
- Graines germées
- Ciboulette
- Sel et poivre

Fouettez les jaunes d'œufs, salez, poivrez et mélangez au fouet. Portez le lait à ébullition puis versez-le doucement sur les jaunes, sans cesser de fouetter. Reversez le tout dans la casserole et mettez sur feu doux pour faire épaissir, sans cesser de mélanger et sans faire bouillir. Ajoutez la moitié du foie gras et mélangez jusqu'à ce qu'il soit dissous. Mixez pour obtenir une crème lisse.

Préchauffez le four à 160 °C (th. 5-6).

Râpez une des truffes et coupez la seconde en fines lamelles.

Battez les blancs d'œufs en neige ferme avec une pincée de sel. Ajoutez ensuite la truffe râpée.

Sur une tourtière antiadhésive ou en silicone (vous pouvez aussi remplir des empreintes individuelles en silicone), formez 6 quenelles de blancs en neige et mettez-les au four 10 minutes. À la sortie du four, laissez refroidir.

Versez la crème au foie gras dans des verrines évasées, coupez le restant du foie gras en petits morceaux et placez-les dans la crème.

Déposez le blanc d'œuf au centre.

Décorez de lamelles de truffe, de graines germées et de brins de ciboulette. Réservez au frais, jusqu'au moment de servir.

Jardinière en croûte

Préparation : 30 minutes • Cuisson : 45 minutes • Difficulté : ★ Budget : ★★

Pour 6 personnes

- 3 carottes
- 6 oignons blancs
- 250 g de haricots verts
- 1 cuil. à soupe d'huile d'olive
- 100 g de petits pois frais
- 1 cube de bouillon de légumes
- 1 bouquet garni
- 2 pâtes feuilletées
- 1 jaune d'œuf
- Sel et poivre

Épluchez les carottes et coupez-les en rondelles. Épluchez les oignons et nettoyez les haricots verts.

Chauffez l'huile d'olive dans une sauteuse, ajoutez les légumes et faites-les revenir 5 minutes sur feu vif.

Ajoutez ensuite le cube de bouillon, 20 cl d'eau, salez, poivrez, ajoutez le bouquet garni et laissez cuire à couvert 10 minutes.

Placez les légumes dans des verrines pouvant passer au four.

Découpez des disques de pâte largement plus grands que le diamètre de la verrine pour qu'ils dépassent de 1 cm sur tout le tour.

Dorez au jaune d'œuf dilué avec 1 cuil. à soupe d'eau. Mettez au four 30 minutes à 180 °C (th. 6). Servez aussitôt.

Légumes du soleil en crumble de parmesan

Préparation : 30 minutes • Repos : 30 minutes • Cuisson : 20 minutes • Difficulté : ★ Budget : ★

Pour 4 verrines

- 1 courgette
- 1 aubergine
- ½ poivron rouge
- ½ poivron vert
- 1 cuil. à soupe d'huile d'olive
- 2 gousses d'ail
- Basilic
- 60 g de beurre
- 60 g de farine
- 50 g de parmesan râpé
- Sel

Coupez les légumes en petits cubes. Faites chauffer l'huile dans une poêle et mettez-y les légumes afin de les faire dorer.

Ajoutez l'ail finement haché, du basilic ciselé et salez.

Dans un bol, écrasez le beurre en pommade à l'aide d'une fourchette. Ajoutez la farine et le parmesan râpé, mélangez du bout des doigts afin d'obtenir un gros sablé. Placez au frais pour 30 minutes.

Versez les légumes dans les verrines et émiettez le crumble dessus.

Enfournez à 180 °C (th. 6) pour 20 minutes. Le crumble doit légèrement dorer.

Conseil : cette verrine est un accompagnement idéal pour une viande rouge.

Maquereaux marinés au citron et crème de coco

Préparation : 15 minutes • Repos : 30 minutes • Difficulté : ★ Budget : ★

Pour 4 verrines

- 2 maquereaux
- 1 citron
- 5 radis
- ½ bouquet de coriandre
- 1 oignon rouge (petit)
- 1 cuil. à soupe de poivron vert (coupés en dés)
- 1 cuil. à soupe de poivron rouge (coupés en dés)
- 15 cl de crème de coco
- ½ cuil. à café d'huile de pistache
- 1 poignée de pistache (grillées)
- Fleur de sel
- Poivre du moulin

Préparez le poisson : détaillez les maquereaux en filets et retirez les arêtes. Disposez les filets de maquereaux dans une assiette creuse et recouvrez-les de jus de citron. Laissez mariner.

Pendant ce temps, épluchez et taillez les radis en petits dés. Lavez et ciselez la coriandre. Épluchez et taillez finement l'oignon rouge.

Dans un saladier, disposez les dés de radis, la coriandre, l'oignon et ajoutez les dés de poivron. Incorporez la crème de coco et mélangez le tout.

Récupérez les filets de maquereau marinés et détaillez-les en lamelles puis ajoutez-les délicatement dans le saladier. Versez un filet d'huile de pistache et assaisonnez de fleur de sel et de poivre du moulin. Mélangez bien.

Filmez la salade et déposez-la au réfrigérateur 30 minutes au minimum.

Au moment de servir, dressez les maquereaux marinés dans les verrines, parsemez-les de quelques pistaches grillées et dégustez.

Marinade de coques

Préparation : 15 minutes • Repos : 1 heure • Cuisson : 5 minutes • Difficulté : ★ Budget : ★

Pour 4 à 6 verrines

- ½ botte d'aneth
- 1 gousse d'ail (petite)
- 1 oignon rouge
- 1 kg de coques
- Le jus de 1 citron
- Huile d'olive
- Fleur de sel et poivre

Lavez, effeuillez et ciselez l'aneth. Épluchez la gousse d'ail et l'oignon rouge puis taillez-les finement. Réservez.

Dans une grande casserole, versez les coques et faites-les cuire à couvert jusqu'à ce qu'elles soient bien ouvertes. Récupérez-les et décoquillez-les puis réservez-les dans un saladier.

Ajoutez aux coques l'oignon, l'ail ainsi que l'aneth. Incorporez le jus de citron puis l'huile d'olive et assaisonnez de fleur de sel et de poivre du moulin. Mélangez délicatement.

Répartissez la marinade de coques dans des verrines, filmez et placez au frais 1 heure minimum.

Au moment de servir, parsemez les verrines de quelques brins d'aneth. Dégustez bien frais et accompagnez de pain grillé.

Miettes de crabe en mimosa

Préparation : 10 minutes • Cuisson : 10 minutes • Difficulté : ★ Budget : ★

Pour 4 verrines

- 2 œufs
- 2 cuil. à soupe de ciboulette hachée
- 100 g de mayonnaise
- 200 g de miettes de crabe
- Sel et poivre

Plongez les œufs dans de l'eau bouillante et laissez-les pendant 10 minutes pour les faire durcir.

Écalez les œufs et mixez-les. Ajoutez la ciboulette et la mayonnaise. Assaisonnez et mélangez.

Disposez une couche de miettes de crabe dans le fond de chaque verrine. Couvrez avec les œufs mimosa. Servez très frais.

Milk-shake au piment d'Espelette

Préparation : 15 minutes • Repos : 1 heure • Difficulté : ★ Budget : ★

Pour 6 verrines

- 500 g de yaourts grecs
- 20 cl de lait
- 1 gousse d'ail
- 20 g de ciboulette
- Le jus de ½ citron
- Piment d'Espelette en poudre
- Sel et poivre

Mixez les yaourts avec le lait, l'ail pressé et la ciboulette grossièrement hachée. Salez et poivrez.

Ajoutez le jus de citron et 1 cuil. à café de piment. Mixez jusqu'à obtenir une mousse légère.

Remplissez les verrines et placez au réfrigérateur pour 1 heure.

Saupoudrez les verrines de piment en poudre avant de servir.

Mini crevettes à la ciboulette

Préparation : 10 minutes • Difficulté : ★ Budget : ★

Pour 4 verrines

- 1 oignon blanc
- 2 cuil. à soupe d'huile d'olive
- 1 cuil. à café de vinaigre
- Le jus de ½ citron
- 2 cuil. à soupe de ciboulette ciselée
- 200 g de crevettes cuites
- 40 cl de crème fraîche épaisse
- Ciboulette
- Sel et poivre

Pelez et hachez l'oignon.

Mélangez l'huile avec le vinaigre, le jus de citron. l'oignon et la ciboulette. Salez et poivrez.

Ajoutez les crevettes et mélangez.

Remplissez les verrines et posez une quenelle de crème fraîche au sommet de chacune. Décorez avec un brin de ciboulette.

Placez au frais avant de servir.

Mousse aux 2 saumons

Préparation : 30 minutes • Repos : 2 heures • Cuisson : 1 minute • Difficulté : ★ Budget : ★★

Pour 4 personnes

- 1 pavé de saumon
- 2 tranches de saumon fumé
- 100 g de fromage frais
- 2 cuil. à soupe de crème fraîche épaisse
- 2 cuil. à café d'œufs de saumon
- 1 cuil. à café d'aneth ciselé
- 1 feuille de gélatine
- 2 blancs d'œufs
- Sel et poivre

Mettez le saumon à cuire 1 minute dans une papillote en silicone au micro-ondes.

Laissez refroidir puis placez le saumon dans un bol mixeur avec le saumon fumé et les carrés frais. Mixez bien puis ajoutez la crème, les œufs de poisson et l'aneth. Salez et poivrez si besoin.

Mettez la feuille de gélatine à ramollir dans de l'eau froide, puis à fondre 10 secondes au micro-ondes et ajoutez-la au saumon.

Montez les blancs d'œufs en neige et incorporez-les au reste. Versez dans les verrines et réservez au frais 2 heures minimum.

Mousses au poivron et fromage frais au cumin

Préparation : 40 minutes • Repos : 2 h 15 • Cuisson : 15 minutes • Difficulté : ★★ Budget : ★

Pour 6 personnes

- 1 poivron rouge
- 40 g de fromage frais
- 1 feuille de gélatine
- 12 cl de crème liquide
- 150 g de fromage de chèvre
- 1 cuil. à soupe de crème fraîche épaisse
- 1 cuil. à café de cumin en poudre
- Sel et poivre

Lavez le poivron, coupez-le en quatre et épépinez-le. Placez-le sur une plaque de cuisson peau vers le haut et passez-le sous le gril de votre four jusqu'à ce que la peau forme des boursouflures noires. Sortez-le du four, enfermez-le dans un sac congélation 15 minutes puis retirez la peau.

Placez 120 g de chair de poivron dans le bol d'un mixeur avec le fromage frais. Salez, poivrez et mixez le tout. Faites ramollir la feuille de gélatine dans un peu d'eau froide puis faites-la fondre 5 secondes au micro-ondes après l'avoir essorée. Incorporez-la à la purée de poivron.

Montez la crème liquide en chantilly et incorporez-la à la purée de poivron. Versez la préparation dans les verrines et placez au frais pour 2 heures.

Travaillez le fromage de chèvre avec la crème fraîche et remplissez une poche à douille. Déposez le fromage sur les mousses, saupoudrez de cumin et réservez au frais.

Mousses d'avocats et crevettes

Préparation : 45 minutes • Difficulté : ★ Budget : ★★★

Pour 6 verrines

- 3 avocats
- Le jus de ½ citron
- 200 g de ricotta
- Piment d'Espelette en poudre
- 10 cl de crème liquide entière
- 200 g de crevettes roses
- Graines germées de roquette
- Sel

Mixez la chair des avocats avec le jus du citron. Ajoutez la ricotta, le piment et salez.

Montez la crème liquide en chantilly et incorporez-la délicatement à la préparation.

Versez cette mousse dans les verrines, placez les crevettes sur le dessus et finissez par quelques graines germées de roquette.

Servez accompagné d'une petite vinaigrette.

Mousses de betterave et sa garniture croquante

Préparation : 30 minutes • Repos : 2 heures • Cuisson : 1 minute • Difficulté : ★ Budget : ★

Pour 4 personnes

- 200 g de betteraves cuites
- 120 g de fromage frais aux herbes
- 20 cl de crème liquide
- 2 feuilles de gélatine
- 12 radis
- ¼ de concombre
- 8 brins de ciboulette
- Sel et poivre

Mixez la betterave coupée en morceaux avec le fromage frais. Ajoutez la crème liquide, salez, poivrez, utilisez un mixeur plongeant pour bien émulsionner le mélange.

Essorez la gélatine et mettez-la à fondre au micro-ondes 5 secondes. Ajoutez-la à la mousse, mélangez bien, répartissez la préparation dans les verrines et placez au frais 2 heures minimum.

Lavez les radis et coupez-les en très fines rondelles. Lavez le concombre sans l'éplucher puis coupez-le en petits dés.

Décorez les mousses de légumes croquants, de ciboulette ciselée et servez bien frais.

Mousses de carottes au cumin et tuiles de parmesan

Préparation : 30 minutes • Cuisson : 20 minutes • Difficulté : ★ Budget : ★

Pour 4 verrines

- 400 g de carottes
- 50 g de parmesan
- Graines de cumin
- 80 g de fromage frais
- 13 cl de crème liquide entière
- 1 cuil. à café d'huile de sésame
- 4 cuil. à café de cumin en poudre
- Sel

Épluchez et faites cuire les carottes à l'eau ou à la vapeur pour qu'elles soient bien cuites. Égouttez-les et laissez-les refroidir.

Pendant ce temps, râpez le parmesan et formez des petits tas d'une valeur de 1 cuil. à soupe sur une plaque de cuisson recouverte d'une feuille de papier sulfurisé. Étalez-les légèrement et ajoutez quelques graines de cumin. Placez au four préchauffé pour 10 minutes à 180 °C (th. 6), surveillez bien, la cuisson est rapide. À la sortie du four, attendez que les tuiles soient totalement refroidies pour les décoller et les placer sur un papier absorbant.

Placez les carottes dans le bol d'un mixeur avec le fromage frais, 10 cl de crème, l'huile, le cumin en poudre et mixez l'ensemble. Salez et ajoutez petit à petit le reste de crème si besoin, la mousse ne doit pas être trop liquide pour se tenir dans les verrines.

Remplissez les verrines à l'aide d'une poche à douille cannelée, parsemez de graines de cumin et décorez avec 1 tuile de parmesan.

Mousses de roquette sur lit de betteraves

Préparation : 45 minutes • Repos : 30 minutes • Cuisson : 5 minutes • Difficulté : ★★ Budget : ★★

Pour 9 verrines

- 1 échalote
- 1 cuil. à soupe d'huile d'olive
- 50 g de roquette
- 30 cl de crème liquide entière
- 200 g de betteraves cuites
- 60 g de fromage blanc
- 60 g de chèvre frais (type Petit Billy)
- Sel

Faites blondir l'échalote dans l'huile d'olive, ajoutez la roquette et faites-la suer pendant 5 minutes. Laissez refroidir, placez la roquette avec la crème dans un verre doseur et mixez le tout au mixeur plongeant. Placez au frais 30 minutes.

Coupez 120 g de betterave en morceaux, mixez-les avec le fromage blanc et le fromage de chèvre jusqu'à l'obtention d'une crème onctueuse, salez.

Coupez le restant de betterave en tout petits morceaux et placez ceux-ci dans le fond des verrines. Recouvrez de crème de betteraves.

Fouettez la crème de roquette en chantilly à l'aide d'un batteur électrique et dressez avec une poche à douille dans les verrines.

Décorez d'une petite feuille de roquette et d'un carré de betterave.

Œufs de caille sur rémoulade de surimi

Préparation : 20 minutes • Cuisson : 5 minutes • Difficulté : ★ Budget : ★★

Pour 6 verrines

- 12 œufs de caille
- 150 g de surimi râpé
- 120 g de fromage blanc
- 4 cuil. à soupe de mayonnaise
- Aneth
- 90 g d'œufs de truite
- Sel et poivre

Faites bouillir de l'eau salée, plongez-y les œufs de caille et laissez cuire 5 minutes.

Retirez-les de l'eau bouillante et placez-les dans un saladier d'eau froide. Une fois totalement refroidis, retirez leurs coquilles.

Mélangez le surimi râpé avec le fromage blanc, la mayonnaise, 1 cuil. à soupe d'aneth ciselé, salez et poivrez.

Versez cette salade dans les verrines, déposez 2 œufs de caille écalés puis parsemez d'œufs de truite et décorez d'aneth.

Panna cotta au gorgonzola et raisins en gelée

Préparation : 40 minutes • Repos : 2 heures • Cuisson : 20 minutes • Difficulté : ★★ Budget : ★★

Pour 6 verrines

- 2 feuilles de gélatine
- 30 cl de crème liquide entière
- 60 g de gorgonzola
- 10 cl de vin blanc
- 300 g de raisins blancs
- 50 g de parmesan râpé
- 1 cuil. à café de graines de sésame doré

Faites ramollir les feuilles de gélatine dans de l'eau froide.

Portez à ébullition la crème et le gorgonzola coupé en morceaux. Ajoutez 1 feuille de gélatine essorée, mélangez et versez cette crème dans 6 verrines de taille moyenne. Laissez refroidir puis placez au frais 1 heure minimum.

Portez le vin et 5 cl d'eau à ébullition. Ajoutez 1 feuille de gélatine essorée. Lavez et égrainez le raisin. Placez quelques grains sur chaque panna cotta bien gélifiée et versez le vin blanc. Laissez refroidir puis placez au frais, 1 heure également.

Faites des petits tas de parmesan sur une feuille de papier sulfurisé posée sur une plaque, étalez-les avec le dos d'une cuillère à soupe. Parsemez de graines de sésame et mettez au four chaud pour 10 minutes à 180 °C (th. 6). À la sortie du four, laissez refroidir totalement puis décollez avec une spatule.

Au moment de servir, décorez les verrines d'une tuile de parmesan.

Panna cotta au pesto

Préparation : 25 minutes • Repos : 2 heures • Cuisson : 10 minutes • Difficulté : ★ Budget : ★

Pour 4 verrines

- 25 cl de crème liquide entière
- 15 cl de lait
- 2 cuil. à café de pesto
- 1 g d'agar-agar
- 1 cuil. à soupe d'huile d'olive
- 20 tomates cerise
- 1 cuil. à soupe de pignons de pin

Versez dans une casserole la crème, le lait, le pesto et faites chauffer. Ajoutez l'agar-agar et portez à ébullition. Versez dans les verrines et laissez refroidir, puis placez au frais pour 2 heures.

Faites chauffer l'huile dans une poêle, mettez-y les tomates cerise et poêlez-les 2 minutes, sans leur faire perdre leur forme. Laissez-les refroidir sur du papier absorbant.

Faites dorer à sec les pignons dans une poêle, puis réservez.

Au moment de servir, déposez des tomates cerise sur la panna cotta et ajoutez quelques pignons de pin grillés.

Panna cotta au roquefort

Préparation : 20 minutes • Repos : 4 heures • Cuisson : 10 minutes • Difficulté : ★ Budget : ★

Pour 4 personnes

- 4 feuilles de gélatine
- 30 cl de crème fleurette
- 15 cl de lait
- 150 g de roquefort

Faites tremper les feuilles de gélatine dans un grand volume d'eau froide.

Dans une casserole, faites chauffer la crème fleurette et le lait avec le roquefort coupé en petits morceaux jusqu'à ce que le fromage soit fondu.

Égouttez la gélatine et ajoutez-la à la crème de roquefort chaude. Remuez.

Mixez la préparation au roquefort afin qu'elle soit parfaitement lisse.

Versez la panna cotta dans des ramequins ou verrines et placez au réfrigérateur au moins 4 heures. Servez bien frais.

Panna cotta d'asperges et crabe

Préparation : 30 minutes • Repos : 3 heures • Cuisson : 15 minutes • Difficulté : ★ Budget : ★★

Pour 8 verrines

- 160 g d'asperges vertes (petites)
- 10 cl de lait
- 20 cl de crème liquide
- ½ cuil. à café d'agar-agar
- 100 g de miettes de crabe
- Tuiles de parmesan
- Sel et poivre

Coupez les têtes des asperges et réservez-les, coupez les tiges en tronçons, mettez le tout à cuire 5 minutes dans une casserole d'eau bouillante, égouttez.

Portez le lait et la crème à ébullition avec l'agar-agar. Ajoutez les tronçons d'asperge, salez, poivrez et mixez le tout. Versez dans les verrines en évitant bien les bords, laissez refroidir et placez au frais 3 heures minimum.

Au moment de servir, déposez le crabe émietté, décorez de pointes d'asperge et de tuiles au parmesan.

Panna cotta de foie gras et espuma de mangue

Préparation : 30 minutes • Repos : 2 heures • Cuisson : 25 minutes • Difficulté : ★★ Budget : ★★

Pour 6 verrines

- 50 cl de crème liquide entière
- 20 cl de lait
- 2 g d'agar-agar
- 100 g de foie gras
- 300 g de chair de mangue
- Le jus de 1 citron
- Ciboulette
- Sel et poivre

Mélangez dans une casserole 30 cl de crème, le lait et l'agar-agar, portez à ébullition puis ajoutez le foie gras coupé en petits dés. Mélangez jusqu'à ce qu'il soit dissous. Salez et poivrez.

Versez dans les verrines et placez au frais, 2 heures minimum.

Mixez la chair des mangues, ajoutez le jus du citron et les 20 cl de crème restants. Filtrez puis versez la préparation dans la cuve d'un siphon. Fermez et ajoutez 2 cartouches de gaz. Agitez énergiquement et placez au frais.

Sortez les verrines de panna cotta 20 minutes avant de servir. Juste avant de passer à table, secouez le siphon puis dressez les espumas de mangue. Décorez de brins de ciboulette et servez.

Ananas aux épices

Préparation : 20 minutes • Cuisson : 15 minutes • Difficulté : ★ Budget : ★★

Pour 6 personnes

- 1 ananas
- 30 g de beurre
- 2 sachets de sucre vanillé
- 1 cuil. à café de cannelle en poudre
- 1 cuil. à café de poudre d'anis
- 2 doses de safran en poudre
- 6 bâtons de cannelle
- 6 étoiles de badiane

Épluchez et coupez l'ananas en dés. Faites-le caraméliser dans le beurre et le sucre vanillé.

Ajoutez la cannelle, l'anis, couvrez et laissez cuire 10 minutes à feu doux.

Hors du feu, ajoutez le safran.

Répartissez l'ananas dans les verrines, décorez avec un bâton de cannelle et une étoile de badiane.

Conseil : vous pouvez accompagner ce dessert de glace à la vanille ou de chantilly.

Ananas vanillé sur lit de coco

Préparation : 20 minutes • Cuisson : 30 minutes • Difficulté : ★ Budget : ★★

Pour 6 verrines

- 40 cl de lait de coco
- 10 cl de crème liquide allégée
- 15 cl de lait
- 80 g de tapioca
- 50 g de sucre
- 6 tranches d'ananas
- 50 g de beurre
- 1 gousse de vanille

Faites bouillir le lait de coco, la crème et le lait. Ajoutez le tapioca et le sucre. Laissez cuire à feu doux en remuant de temps en temps pendant 20 minutes environ. Versez le tapioca dans les verrines et laissez refroidir.

Coupez les tranches d'ananas en petits morceaux. Faites chauffer une noix de beurre dans une poêle et faites dorer l'ananas.

Coupez la gousse de vanille dans le sens de la longueur et récupérez les graines à l'aide d'un couteau. Ajoutez-les à l'ananas.

Répartissez l'ananas dans les verrines et décorez-les d'une feuille d'ananas.

Conseil : vous pouvez servir aussitôt, vous obtiendrez ainsi un délicieux dessert chaud-froid.

Bavarois normand

Préparation : 40 minutes • Repos : 3 heures • Cuisson : 20 minutes • Difficulté : ★★ Budget : ★

Pour 4 verrines

- 8 pommes
- 14 cl de crème liquide entière
- 100 g de fromage blanc
- 80 g de crème anglaise
- ½ cuil. à café d'agar-agar
- 30 g de beurre
- 1 cuil. à soupe de sucre
- ½ sachet de nappage pour tarte
- 5 cl de jus de pomme

Réservez 2 pommes et faites une compote avec les autres en les faisant cuire à feu doux dans une casserole contenant un fond d'eau, couvrez et mélangez de temps en temps. Laissez refroidir et versez dans les verrines pour en remplir un tiers.

Montez la crème liquide en chantilly et réservez au frais.

Mélangez le fromage blanc et la crème anglaise. Ajoutez l'agar-agar dilué dans un peu de crème et porté à ébullition.

Ajoutez la crème Chantilly. Versez le bavarois sur la compote et remplissez les verrines aux deux tiers. Placez au frais pendant 2 heures minimum.

Épluchez et coupez les 2 pommes restantes en quartiers. Chauffez le beurre dans une poêle et faites-y dorer les pommes, saupoudrez de sucre à mi-cuisson. Laissez-les refroidir sur une assiette.

Déposez des quartiers de pommes sur le bavarois. Diluez le nappage pour tarte avec le jus de pommes, portez à ébullition et nappez les pommes.

Laissez figer et réservez au frais au moins 1 heure.

Conseil : vous pouvez remplacer un peu de jus de pommes par du calvados pour le nappage.

Blanc-manger aux framboises

Préparation : 40 minutes • Repos : 5 heures • Cuisson : 10 minutes • Difficulté : ★ Budget : ★★

Pour 6 verrines

Pour le coulis

- 80 g de coulis de framboises
- 80 g de sucre
- 1 feuille de gélatine

Pour l'entremets

- 8 feuilles de gélatine
- 30 cl de lait de coco
- 20 cl de lait entier
- 150 g de sucre
- 20 cl de crème liquide entière

Pour le nappage

- 250 g de framboises
- 2 sachets de nappage pour tarte
- Colorant alimentaire rouge

Préparez le coulis : chauffez le coulis de framboises avec le sucre, ajoutez la gélatine préalablement ramollie dans de l'eau froide et versez-le dans le fond des verrines. Laissez prendre 1 heure.

Préparez l'entremets : mettez les 8 feuilles de gélatine à ramollir dans un peu d'eau froide.

Mélangez dans une casserole le lait de coco avec le lait et le sucre, puis ajoutez les feuilles de gélatine et laissez tiédir.

Montez la crème liquide en chantilly et ajoutez-la au mélange précédent. Versez cette préparation dans les verrines et placez-les au frais au minimum 4 heures.

Déposez les framboises sur les entremets. Préparez le nappage comme indiqué sur le paquet, avec 20 cl d'eau (ou de jus de fruits), et ajoutez 2 gouttes de colorant rouge. Nappez les framboises et remettez au frais.

Conseil : vous pouvez remplacer le nappage pour tarte par 1 feuille de gélatine dissoute dans 20 cl d'eau.

Café croquant

Préparation : 20 minutes • Repos : 2 heures • Cuisson : 10 minutes • Difficulté : ★ Budget : ★

Pour 6 verrines

- 40 cl de lait
- 4 jaunes d'œufs
- 80 g de sucre
- 30 g de Maïzena
- 2 cuil. à soupe de café soluble
- 100 g de beurre mou
- 300 g de billes chocolatées

Portez le lait à ébullition. Dans un saladier, fouettez les jaunes et le sucre pour que le mélange blanchisse et double de volume, puis ajoutez la Maïzena.

Retirez le lait du feu et ajoutez le café puis versez le tout sur le mélange précédent. Remettez le tout dans la casserole et faites épaissir sur feu doux.

Mettez la crème obtenue dans un saladier, placez un film alimentaire dessus et laissez refroidir à température ambiante.

Battez le beurre tempéré au fouet électrique et ajoutez petit à petit la crème au café. Placez 3 ou 4 billes chocolatées au fond des verrines puis à l'aide d'une poche à douille, remplissez les verrines par petites touches en intercalant de temps en temps une bille.

Placez au frais jusqu'au moment de servir.

Ch'tiramisu

Préparation : 30 minutes • Repos : 24 heures • Difficulté : ★ Budget : ★

Pour 6 verrines

- 3 œufs
- 70 g de sucre
- 300 g de mascarpone
- 2 cuil. à soupe de chicorée liquide
- 200 g de spéculoos

Séparez les jaunes d'œufs des blancs. Battez les jaunes avec le sucre jusqu'à ce que le mélange blanchisse, puis ajoutez le mascarpone et la chicorée et fouettez encore 2 minutes.

Montez les blancs en neige et incorporez-les à la préparation précédente.

Remplissez les verrines en alternant la crème et les spéculoos, en commençant par des biscuits et en finissant par de la crème. Les spéculoos n'ont pas besoin d'être humidifiés, ils le seront en étant au contact de la mousse pendant le repos au frais.

Laissez reposer 24 heures au réfrigérateur.

Au moment de servir, décorez à votre goût, avec des spéculoos réduits en miettes, des copeaux de chocolat ou, comme sur la photo, avec un macaron à la chicorée.

Cheese-cake fleuri

Préparation : 40 minutes • Cuisson : 5 minutes • Repos : 1 heure • Difficulté : ★ Budget : ★

Pour 4 verrines

Pour le cheese-cake à la rose

- 100 g de ricotta
- 80 g de fromage blanc
- 50 g de sucre
- 1 g d'agar-agar
- 2 cuil. à soupe d'eau de rose
- Colorant alimentaire rouge
- 80 g de crème liquide entière

Pour la mousse à la violette

- 1 œuf
- 30 g de sucre
- 2 cuil. à café de Maïzena
- 100 g de lait
- 1 cuil. à soupe de sirop de violette
- Colorant alimentaire bleu (ou une cuillère à café de gelée de cassis)
- 60 g de beurre
- Fleurs de violette cristallisées

Mélangez la ricotta et le fromage blanc ainsi que le sucre afin d'obtenir un mélange onctueux.

Faites dissoudre l'agar-agar dans l'eau de rose (portez à ébullition 1 minute) et ajoutez au mélange précédent.

Donnez une jolie couleur rose avec quelques gouttes de colorant rouge.

Montez la crème liquide en chantilly et incorporez-la délicatement. Versez cette préparation dans les verrines et réservez au frais au moins 1 heure.

Préparez la mousse. Battez l'œuf et le sucre, ajoutez la Maïzena. Versez dessus le lait bouillant additionné de sirop de violette et faites épaissir sur feu doux. Donnez une couleur violette avec une goutte de colorant bleu et une goutte de colorant rouge ou 1 cuil. à café de gelée de cassis. Filmez au contact à l'aide de film alimentaire et laissez refroidir.

Ajoutez le beurre tempéré et fouettez au batteur électrique jusqu'à obtenir une crème mousseuse.

À l'aide d'une poche à douille, déposez la crème à la violette sur le cheese-cake à la rose.

Décorez de fleurs de violette cristallisées.

Chiboust à la fraise et à la pistache

Préparation : 1 heure • Repos : 4 heures • Cuisson : 1 h 20 • Difficulté : ★★ Budget : ★★

Pour 6 verrines

Pour la panna cotta au chocolat blanc

- 30 cl de crème liquide
- 20 cl de lait
- 100 g de chocolat blanc
- 3 feuilles de gélatine
- 100 g de pistaches fraîches

Pour la crème Chiboust à la fraise

- 10 cl de lait
- 2 œufs
- 140 g de sucre
- 15 g de Maïzena
- 1 feuille de gélatine
- 2 cuil. à soupe de coulis de fraises

Préparez la panna cotta : dans une casserole, mettez la crème, le lait, le chocolat blanc et portez à ébullition. Ajoutez la gélatine préalablement ramollie dans de l'eau froide et versez dans les verrines. Laissez refroidir et placez au frais 2 heures minimum.

Torréfiez les pistaches quelques minutes dans une poêle à sec puis concassez-les grossièrement.

Préparez la crème Chiboust : faites chauffer le lait. Battez les jaunes d'œufs avec 20 g de sucre jusqu'à ce que le mélange blanchisse puis ajoutez la Maïzena. Ajoutez le lait bouillant et faites épaissir à feu doux. Hors du feu, ajoutez la gélatine préalablement ramollie dans de l'eau froide et essorée ainsi que le coulis de fraises. Filmez au contact et réservez.

Dans une casserole, mélangez les 120 g de sucre restants et 4 cl d'eau et portez à 120 °C.

Pendant ce temps, préparez les meringues : montez les blancs en neige et versez doucement le sirop chaud sans arrêter de battre. Battez jusqu'à total refroidissement.

Dressez 6 petites meringues sur une plaque de cuisson, saupoudrez-les de sucre glace et faites-les cuire 1 heure à 110 °C (th. 3-4).

Incorporez délicatement le restant des blancs dans la crème à la fraise tiède. Répartissez les pistaches dans les verrines puis couvrez de crème Chiboust à la fraise. Placez au frais 2 heures. Au moment de servir, décorez d'une meringue et de pistaches entières.

Coupe d'été

Préparation : 45 minutes • Cuisson : 15 minutes • Difficulté : ★ Budget : ★★

Pour 4 personnes

Pour le biscuit

- 1 œuf
- 90 g de sucre
- 100 g de farine
- 1 cuil. à soupe de sucre glace
- 4 pêches
- 150 g de sucre
- 80 g de confiture de groseilles
- 25 cl de crème liquide entière
- 2 sachets de sucre vanillé
- 200 g de groseilles

Fouettez le jaune d'œuf avec le sucre jusqu'à ce que le mélange blanchisse. Ajoutez la farine tamisée, doucement puis montez le blanc en neige ferme et incorporez-le délicatement.

Étalez la pâte sur une plaque de cuisson recouverte d'une feuille de papier sulfurisé pour former un carré de 20 cm sur 20. Saupoudrez de sucre glace et placez au four 12 minutes à 180 °C (th. 6).

Plongez les pêches dans une grande casserole d'eau frémissante pendant 40 secondes. Retirez les pêches de l'eau et épluchez-les. Coupez-les en deux et retirez le noyau.

Mettez la confiture à chauffer dans une casserole.

Chauffez 70 c l d'eau avec le sucre et mettez les pêches à cuire 5 minutes. Retirez les pêches et passez-les dans la confiture chaude puis réservez-les. Versez la confiture restante dans le fond des verrines. Laissez refroidir.

Coupez les 4 demi-pêches en morceaux. Fouettez la crème très froide en chantilly avec le sucre vanillé. Découpez des disques de biscuits adaptés aux verrines.

Placez un disque dans les verrines, répartissez les morceaux de pêches et les grains de groseille. Couvrez de chantilly, placez un second disque de biscuit plus petit et une demi-pêche au centre.

Décorez avec le restant de chantilly et de groseilles.

Coupe grenadine

Préparation : 1 h 20 • Repos : 1 nuit + 2 heures • Cuisson : 20 minutes • Difficulté : ★★ Budget : ★★

Pour 4 verrines

- 100 g de chocolat blanc
- 13 cl de crème liquide entière
- 6 cuil. à soupe de sirop de grenadine
- 2 œufs
- 80 g de sucre
- Le zeste de ½ citron non traité
- 50 g de farine
- 15 g de Maïzena
- 1 grenade
- Sel

La veille, faites fondre le chocolat blanc avec 3 cl de crème au four à micro-ondes et laissez tiédir. Ajoutez le restant de crème, 2 cuil. à soupe de sirop de grenadine et placez une nuit au réfrigérateur.

Fouettez les jaunes d'œufs avec 50 g de sucre. Ajoutez le zeste de citron, la farine et la Maïzena.

Montez les blancs en neige avec une pincée de sel en ajoutant le reste de sucre quand ils commencent à mousser. Incorporez délicatement les blancs à la préparation précédente.

Versez la pâte dans un petit moule de 18 cm de diamètre beurré et fariné. Mettez au four 20 minutes à 160 °C (th. 5-6). À la sortie du four, démoulez et laissez refroidir sur une grille.

Coupez des carrés de gâteau de Savoie que vous placerez au fond des verrines. Le gâteau doit remplir au maximum le fond de la verrine.

Diluez légèrement le sirop de grenadine avec 4 cuil. à soupe d'eau et imbibez le gâteau.

Fouettez le mélange crème et chocolat blanc pour obtenir une ganache mousseuse.

Récupérez les graines de la grenade, mettez 2 cuil. à soupe de graines sur les biscuits.

À l'aide d'une poche à douille, mettez la ganache dans les verrines et décorez de graines de grenade.

Placez au frais pour 2 heures avant de servir.

Coupe meringuée

Préparation : 30 minutes • Repos : 24 heures • Cuisson : 1 h 30 • Difficulté : ★ Budget : ★★

Pour 6 verrines

Pour les meringues
- 2 blancs d'œufs
- Jus de citron
- 120 g de sucre
- Colorant alimentaire vert
- Colorant alimentaire rouge
- 2 cuil. à soupe de sucre glace
- Sel

Pour la crème Chantilly
- 20 cl de crème liquide
- 2 sachets de sucre vanillé

Pour la finition
- 1 grenade

Préparez les meringues la veille : montez les blancs en neige avec quelques gouttes de jus de citron et une pincée de sel. Quand ils commencent à mousser, ajoutez le sucre en poudre petit à petit en continuant de battre jusqu'à obtention d'un mélange compact et brillant.

Séparez la préparation en deux et ajoutez quelques gouttes de colorant pour obtenir des meringues de 2 couleurs différentes.

Formez de grosses quenelles de meringue sur une plaque de cuisson recouverte d'une feuille de papier sulfurisé, saupoudrez-les de sucre glace. Mettez-les au four 1 h 30, à 100 °C (th. 4).

Une fois la cuisson terminée, éteignez le four et laissez la meringue refroidir à l'intérieur.

Le lendemain, montez la crème en chantilly avec le sucre vanillé.

Épluchez et égrainez la grenade. Cassez les meringues en gros morceaux.

Au moment de servir, montez les verrines en alternant les morceaux de meringues, la chantilly et la grenade. Servez aussitôt.

Crème au lait d'amande et griottes

Préparation : 20 minutes • Difficulté : ★ Budget : ★★

Pour 4 verrines

- 50 cl de lait d'amande
- 70 g de sucre
- 3 cuil. à soupe de Maïzena
- 150 g de griottes en bocal

Mélangez le lait d'amande, le sucre et la Maïzena.

Faites épaissir sur le feu en mélangeant sans arrêter. Laissez tiédir.

Égouttez les griottes et déposez-les sur une feuille de papier absorbant.

Versez la crème dans les verrines ainsi que les griottes. Placez au frais avant de servir.

Conseil : vous pouvez remplacer le lait d'amande par du lait classique avec soit du sirop d'orgeat, soit de l'extrait d'amande amère.

Crumble aux saveurs d'été

Préparation : 45 minutes • Repos : 1 heure • Cuisson : 45 minutes • Difficulté : ★ Budget : ★★

Pour 4 verrines

Pour le crumble

- 30 g de beurre
- 30 g de sucre roux
- 20 g de poudre d'amandes
- 15 g de flocons d'avoine
- 1 cuil. à soupe de farine

- 2 abricots
- 2 cuil. à soupe de sucre gélifiant à confiture
- 1 pêche
- 1 nectarine
- 1 cuil. à soupe de sucre de lavande
- Le jus de 1 citron
- Fleurs de lavande séchée

Préparez la pâte à crumble : écrasez le beurre à l'aide d'une fourchette. Ajoutez le reste des ingrédients et mélangez jusqu'à l'obtention d'un gros sable. Placez 1 heure au frais.

Coupez les abricots en morceaux. Mettez-en la valeur de 2 cuil. à soupe de côté et placez le reste dans une casserole avec le sucre gélifiant à confiture. Faites compoter le tout à feu doux pendant 20 minutes, en remuant de temps en temps.

Pendant ce temps, coupez la pêche et la nectarine en morceaux. Mélangez-les aux abricots restants, ajoutez le sucre de lavande et arrosez du jus de citron. Placez au frais.

Répartissez la compote dans les verrines et laissez refroidir.

Versez la pâte à crumble sur une plaque de cuisson recouverte d'une feuille de papier sulfurisé, dispersez-la sans l'écraser. Placez au four à 150 °C (th. 5) pour 20-25 minutes. À la sortie du four, laissez refroidir puis émiettez grossièrement.

Une fois la compote refroidie, répartissez les fruits et recouvrez de crumble. Décorez de fleurs de lavande.

Conseil : vous pouvez faire vous-même votre sucre de lavande en mettant dans une boîte hermétique pendant plusieurs jours, du sucre fin et des fleurs de lavande séchées. Vous pouvez utiliser ce sucre tel quel ou en le tamisant pour retirer les fleurs.

Crumble de fraises aux pistaches

Préparation : 5 minutes • Repos : 1 heure • Cuisson : 20 minutes • Difficulté : ★ Budget : ★★

Pour 4 verrines

- 30 g de beurre
- 30 g de sucre
- 30 g de pistaches mondées hachées
- 30 g de farine
- 400 g de fraises
- 100 g de chocolat
- 8 cl de crème liquide
- 30 g de pistaches mondées

Dans un saladier, mélangez le beurre en pommade avec le sucre, les pistaches hachées et la farine. Vous devez obtenir un sable grossier.

Placez au réfrigérateur pendant 1 heure.

Allumez le four à 180 °C (th. 6), étalez le crumble sur une plaque de cuisson recouverte de papier sulfurisé. Mettez au four 15 à 20 minutes.

À la sortie du four, laissez refroidir.

Lavez et équeutez les fraises, répartissez-les dans les verrines.

Cassez le chocolat en morceaux et versez la crème bouillante dessus. Mélangez jusqu'à l'obtention d'une crème onctueuse.

Versez 3 ou 4 cuil. à café de sauce au chocolat sur les fraises, puis émiettez en gros morceaux le crumble de pistaches.

Décorez avec quelques pistaches mondées grossièrement hachées.

Douceur de poires

Préparation : 30 minutes • Repos : 2 heures • Cuisson : 10 minutes • Difficulté : ★★ Budget : ★

Pour 6 personnes

- 9 palets bretons
- 200 g de chocolat
- 15 cl de crème liquide
- 450 g de poires au sirop
- 60 g de billes chocolatées

Pour la mousse de poire

- 200 g de purée de poires
- 1 cuil. à café d'agar-agar
- 1 blanc d'œuf
- 1 cuil. à soupe d'eau-de-vie de poire
- 70 g de sucre
- 20 cl de crème liquide entière

Faites chauffer la purée de poires, ajoutez-y l'agar-agar chauffé dans 3 cuil. à soupe d'eau. Ajoutez l'alcool de poire et mélangez bien.

Faites cuire 60 g de sucre et 1,5 cl d'eau dans une casserole à 120 °C.

Montez le blanc en neige au batteur électrique et ajoutez les 10 g de sucre restants quand il commence à mousser.

Lorsque le sucre atteint 120 °C, versez-le à petite vitesse sur le blanc d'œuf en neige. Battez à grande vitesse jusqu'à complet refroidissement.

Incorporez cette meringue italienne aux poires puis la crème montée en chantilly.

Répartissez cette mousse dans les verrines et laissez reposer 2 heures au frais.

Réduisez les sablés en miettes et répartissez-les dans les verrines.

Faites fondre le chocolat avec la crème au four à micro-ondes 3 fois 30 secondes, laissez tiédir et versez sur la mousse.

Une fois le chocolat refroidi, placez les poires coupées en dés et décorez de billes chocolatées.

Duo chocolat-coco

Préparation : 20 minutes • Cuisson : 10 minutes • Difficulté : ★ Budget : ★★

Pour 4 verrines

Pour la crème au chocolat

- 2 carrés de chocolat
- 25 cl de lait
- 15 g de Maïzena
- 40 g de sucre
- 25 g de cacao en poudre non sucré
- 5 cl de crème liquide

Pour la mousse coco

- 10 cl de lait
- 15 g de Maïzena
- 50 g de sucre
- 20 cl de lait de coco
- 1 cuil. à soupe de noix de coco en poudre
- 20 cl de crème liquide entière
- Copeaux de chocolat

Faites fondre au four à micro-ondes les 2 carrés de chocolat dans une tasse et, à l'aide d'un pinceau de cuisine, décorez l'intérieur de vos verrines.

Mettez le lait dans une casserole ainsi que la Maïzena, le sucre et le cacao, puis faites chauffer et épaissir en mélangeant constamment.

Hors du feu, ajoutez la crème liquide.

Versez la crème au chocolat dans les verrines.

Préparez la crème coco de la même façon que la crème au chocolat. Laissez-la tiédir et ajoutez la crème liquide montée en chantilly. Versez la mousse sur la crème au chocolat refroidie et placez au frais. Décorez de copeaux de chocolat.

Duo fraise-rhubarbe

Préparation : 45 minutes • Repos : 4 heures • Cuisson : 50 minutes • Difficulté : ★ Budget : ★★

Pour 6 verrines

- 400 g de fraises
- 1 cuil. à café d'agar-agar
- 380 g de sucre
- 2 blancs d'œufs
- 25 cl de crème liquide entière
- 1 rhubarbe
- 6 amaretti

Mixez les fraises en purée. Faites chauffer cette purée et portez-la à ébullition avec l'agar-agar.

Dans une petite casserole, portez 2,5 cl d'eau et 80 g de sucre à 120 °C et versez ce sirop sur les blancs d'œufs préalablement montés en neige. Continuez de battre jusqu'à ce que le mélange soit totalement refroidi.

Incorporez cette meringue italienne à la purée de fraises. Montez la crème liquide très froide en chantilly et ajoutez-la au mélange précédent.

Versez la mousse dans les verrines et réservez au frais 4 heures.

Pelez la rhubarbe et coupez-la en tronçons de 3 cm de long. Mettez le tout dans une casserole avec 300 g de sucre. Portez à ébullition et laissez cuire 40 minutes, en remuant régulièrement jusqu'à obtention d'une compote. Laissez refroidir.

Déposez la rhubarbe sur la mousse aux fraises.

Au moment de présenter, posez un amaretti sur chaque verrine et servez.

Conseil : vous pouvez remplacer l'agar-agar par 3 feuilles de gélatine que vous ferez ramollir dans l'eau froide.

Figues à la crème d'amandes

Préparation : 20 minutes • Cuisson : 40 minutes • Difficulté : ★ Budget : ★★

Pour 6 personnes

- 600 g de figues
- 4 cuil. à soupe de sucre

Pour la crème d'amandes

- 2 œufs
- 60 g de sucre
- 12 cl de crème liquide entière
- 80 g de poudre d'amandes
- Extrait d'amande amère
- 2 cuil. à soupe d'amandes effilées

Mettez de côté 6 belles figues.

Coupez le restant des figues en quatre. Déposez-les dans une casserole avec le sucre et 2 cuil. à soupe d'eau. Laissez-les cuire à feu doux 30 minutes environ en mélangeant de temps en temps.

Préparez la crème d'amandes : fouettez les œufs avec le sucre, ajoutez la crème, la poudre d'amandes et 2-3 gouttes d'extrait d'amande amère.

Préchauffez le four à 180 °C (th. 6). Placez 1 cuil. à soupe de confit de figues dans chaque verrine. Coupez les figues restantes en quatre et déposez-les sur le confit. Versez la crème d'amandes et mettez dans un bain-marie au four pendant 2 minutes à 180 °C (th. 6).

Faites griller à sec les amandes effilées et décorez les verrines.

Flan à la noix de coco et son nuage chocolaté

Préparation : 30 minutes • Repos : 1 nuit • Cuisson : 20 minutes • Difficulté : ★★ Budget : ★★

Pour 6 personnes

- 12 cl de lait concentré non sucré
- 26 cl de lait
- 2 œufs
- 60 g de sucre
- 60 g de noix de coco en poudre
- 50 g de chocolat au lait
- 20 cl de crème liquide entière
- Disques de chocolat

Préchauffez le four à 180 °C (th. 6).

Mélangez le lait concentré, le lait et les jaunes d'œufs. Ajoutez le sucre et la noix de coco. Montez les blancs d'œufs en neige et incorporez-les au mélange précédent.

Versez la préparation dans 6 verrines pouvant aller au four. Placez-les dans un bain-marie puis au four à 180 °C (th. 6) pendant 20 minutes.

Laissez refroidir et placez au frais.

Faites fondre le chocolat au lait avec la moitié de la crème. Lorsque le mélange est homogène, ajoutez le restant de crème. Couvrez et laissez reposer une nuit au réfrigérateur.

Le lendemain, montez la crème chocolatée en chantilly et dressez-la sur les flans à l'aide d'une poche à douille.

Placez au frais et décorez d'un disque de chocolat.

Conseil : à la cuisson, le flan va se diviser en deux couches : le flan puis une couche de moelleux à la noix de coco, c'est délicieux.

Flan coco et grenade

Préparation : 30 minutes • Repos : 2 heures • Cuisson : 5 minutes • Difficulté : ★ Budget : ★★

Pour 6 verrines

- 2 cuil. à soupe de miel
- 2 cuil. à soupe de noix de coco en poudre
- 1 grenade
- 3 feuilles de gélatine
- 25 cl de lait de coco
- 12 cl de lait
- 12 cl de crème liquide entière
- 30 g de sucre
- 2 sachets de sucre vanillé
- 6 physalis

Trempez le haut des verrines dans le miel puis dans la noix de coco.

Égrainez la grenade, réservez quelques grains et répartissez le reste dans les verrines.

Faites ramollir les feuilles de gélatine dans de l'eau froide.

Dans une casserole, mélangez le lait de coco, le lait, la crème et les sucres. Portez à ébullition et ajoutez la gélatine bien essorée.

Versez le flan de coco sur les grains de grenade, laissez refroidir puis placez 2 heures au frais.

Décorez de quelques grains de grenade et d'un physalis.

Ile flottante au thé matcha et pralines roses

Préparation : 30 minutes • Cuisson : 10 minutes • Difficulté : ★★ Budget : ★★

Pour 6 verrines

Pour la crème anglaise

- 75 cl de lait entier
- 8 jaunes d'œufs
- 150 g de sucre
- 1 cuil. à soupe de thé matcha

Pour les îles flottantes

- 6 blancs d'œufs
- 120 g de sucre
- 120 g de pralines roses

Préparez la crème anglaise : faites bouillir le lait. Battez les jaunes d'œufs avec le sucre jusqu'à ce que le mélange blanchisse. Ajoutez la poudre de thé au lait chaud et versez sur les jaunes d'œufs blanchis hors du feu. Remettez la casserole sur feu doux et faites cuire sans jamais laisser bouillir, en remuant sans arrêt. La crème doit napper la cuillère en bois. Laissez refroidir.

Préparez les îles flottantes : battez les blancs d'œufs en neige. Quand ils commencent à mousser, ajoutez le sucre et continuez de battre jusqu'à ce qu'ils soient fermes et brillants. Ajoutez les pralines broyées grossièrement.

Formez des quenelles de blanc d'œuf et faites-les cuire 15 secondes au four à micro-ondes. Laissez-les refroidir au frais.

Versez la crème anglaise au thé dans les verrines, déposez un blanc d'œuf, saupoudrez d'un peu de poudre de thé et de quelques morceaux de praline. Servez.

Mango

Préparation : 25 minutes • Repos : 1 heure • Cuisson : 55 minutes • Difficulté : ★ Budget : ★★

Pour 6 verrines

- 50 cl de lait
- 15 cl de crème liquide allégée
- 1 gousse de vanille
- 80 g de tapioca
- 110 g de sucre
- 2 mangues
- 3 cuil. à soupe de crème fraîche épaisse
- 3 fruits de la passion

Faites bouillir le lait, la crème liquide et la gousse de vanille fendue en deux après en avoir prélevé les graines. Ajoutez le tapioca et 50 g de sucre. Laissez cuire à feu doux en remuant de temps en temps pendant 20 minutes environ.

Épluchez et coupez les mangues en fines tranches. À l'aide d'un emporte-pièce, découpez des ronds de mangue (2 ou 3 par verrine selon la taille).

Collez les ronds de mangue sur les parois des verrines, versez le tapioca et laissez refroidir.

Réduisez le reste des mangues en purée, ajoutez le sucre restant et laissez compoter à feu doux 30 minutes.

Hors du feu, ajoutez la crème fraîche, puis versez la compote sur le tapioca. Placez au frais 1 heure minimum.

Répartissez la pulpe des fruits de la passion sur les verrines et servez.

Mousse au Grand Marnier

Préparation : 30 minutes • Repos : 4 heures • Cuisson : 5 minutes • Difficulté : ★★ Budget : ★★

Pour 4 verrines

- 40 g de chocolat
- 8 cl de lait
- 3 cl de jus d'orange
- 2 œufs
- 120 g de sucre
- 15 g de Maïzena
- 1 g d'agar-agar
- 2 cuil. à soupe de Grand Marnier
- 10 cl de crème liquide entière

Faites fondre le chocolat au four à micro-ondes puis laissez reposer 5 minutes.

Créez un petit cône avec du papier sulfurisé que vous remplirez de chocolat fondu. Coupez la pointe du cône (attention, un tout petit orifice) et dessinez des arabesques sur le bord interne des verrines. Laissez sécher.

Faites chauffer le lait et le jus d'orange. Ajoutez l'agar-agar, donnez un bouillon.

Séparez les blancs des jaunes d'œufs. Battez les jaunes d'œufs avec 20 g de sucre pour qu'ils blanchissent puis ajoutez la Maïzena. Versez le lait et le jus d'orange sur le mélange précédent. Ajoutez le Grand Marnier et faites épaissir à feu doux. Filmez au contact et réservez.

Dans une casserole, mélangez 100 g de sucre et 2,5 cl d'eau et portez la température à 110 °C.

Pendant ce temps, montez les blancs en neige ferme et versez doucement le sirop chaud sans arrêter de battre. Battez jusqu'à total refroidissement.

Incorporez les blancs dans la crème tiédie, le premier tiers assez vivement pour détendre la crème, puis le reste très délicatement.

Montez la crème en chantilly et incorporez-la également. Versez la mousse dans les verrines et réservez au frais 4 heures minimum.

Panna cotta au chocolat et aux framboises

Préparation : 30 minutes • Repos : 2 à 3 heures • Cuisson : 5 minutes • Difficulté : ★ Budget : ★

Pour 6 personnes

- 45 cl de crème liquide entière
- 15 cl de lait
- 120 g de chocolat noir
- 50 g de sucre
- 3 feuilles de gélatine
- 250 g de framboises
- 2 sachets de nappage pour tarte
- Colorant alimentaire rouge

Faites chauffer la crème et le lait dans une casserole, ajoutez le chocolat râpé puis le sucre.

Mélangez jusqu'à ce que le chocolat soit totalement fondu. Ajoutez la gélatine préalablement ramollie dans l'eau froide et mélangez bien.

Versez dans 6 verrines et placez au frais pendant 2 ou 3 heures.

Déposez les framboises sur les crèmes.

Préparez le nappage comme indiqué sur le paquet, ajoutez quelques gouttes de colorant rouge. Nappez les framboises pour qu'elles soient totalement recouvertes et remettez au frais. Décorez juste avant de servir.

Riz au thé matcha et fraises séchées

Préparation : 20 minutes • Cuisson : 30 minutes • Difficulté : ★ Budget : ★★

Pour 4 verrines

- 100 g de riz rond
- 50 cl de lait
- 40 g de sucre
- 2 cuil. à café de thé matcha
- 80 g de fraises séchées
- 10 cl de coulis de fraises

Lavez le riz à l'eau froide, égouttez-le bien et faites-le blanchir 3 minutes dans l'eau bouillante.

Égouttez-le à nouveau et faites-le cuire à feu doux et à couvert dans le lait bouillant avec le sucre pendant 20 à 30 minutes. Le riz doit être tendre et le lait doit avoir été totalement absorbé.

Ajoutez le thé matcha et les trois quarts des fraises coupées en petits morceaux et mélangez.

Versez le coulis dans les verrines puis déposez le riz délicatement. Décorez de quelques morceaux de fraise.

Conseil : ajustez la quantité de thé matcha en fonction de votre goût : plus ou moins fort.

Sabayon de mangue

Préparation : 15 minutes • Cuisson : 4 à 5 minutes • Difficulté : ★ Budget : ★

Pour 4 verrines

- 1 mangue
- 3 jaunes d'œufs
- 35 g de sucre
- Extrait de vanille liquide
- 1 blanc d'œuf
- 20 g de sucre glace

Épluchez la mangue et coupez-la en morceaux. Répartissez les cubes de mangue dans les verrines.

Dans un cul-de-poule, battez les jaunes d'œufs et le sucre. Ajoutez la vanille et fouettez ce mélange au bain-marie jusqu'à ce que les jaunes blanchissent et doublent de volume. Ce mélange va prendre une consistance très onctueuse. Continuez de battre hors du feu jusqu'à ce que le mélange tiédisse.

Battez le blanc d'œuf en neige ferme avec le sucre glace et incorporez-le aux jaunes d'œufs. Versez cette préparation mousseuse dans des verrines allant au four sur les mangues. Placez-les dans un four à 200 °C (th. 6-7) pendant 4 à 5 minutes, la mousse doit légèrement dorer. Servez aussitôt.

Verrine orientale

Préparation : 30 minutes • Repos : 1 heure • Cuisson : 25 minutes • Difficulté : ★ Budget : ★

Pour 4 verrines

- 2 œufs
- 60 g de sucre
- 80 g de beurre
- 200 g de semoule
- 50 g de poudre d'amandes
- ½ sachet de levure chimique
- 3 cuil. à soupe de miel
- 25 cl de thé à la menthe
- ¼ cuil. à café d'agar-agar
- 80 g d'amandes

Battez les œufs et 60 g de sucre, ajoutez le beurre en pommade puis la semoule, la poudre d'amandes et la levure. Mélangez bien et versez la pâte dans un petit moule carré beurré. Mettez au four 20 minutes à 200 °C (th. 6-7). À la sortie du four coupez-en quelques morceaux à la taille des verrines.

Chauffez le miel et 15 cl d'eau et versez ce sirop dans les verrines pour imbiber les gâteaux. Laissez refroidir. Chauffez le thé, ajoutez le sucre et l'agar-agar.

Coupez les amandes en quatre, répartissez-les sur les gâteaux et versez le thé. Laissez gélifier et placez au frais 1 heure. Décorez d'une amande entière.

p. 8-9, p. 10-11, p. 12-13, p. 14, p. 15, p. 16-17, p. 18-19, p. 20-21, p. 22-23, p. 24-25, p. 26-27, p. 31, p. 32-33, p. 34-35, p. 36-37, p. 38-39, p. 40-41, p. 42-43, p. 44-45, p. 46, p. 48-49, p. 50-51, p. 52-53, p. 54-55, p. 56-57, p. 58-59, p. 60-61, p. 62, p. 66-67, p. 70-71, p. 72-73, p. 74-75, p. 76-77, p. 78, p. 80-81, p. 84-85, p. 86-87, p. 88-89, p. 95, p. 96-97, p. 98-99, p. 100-101, p. 102-103, p. 104-105, p. 106-107, p. 108-109, p. 110, p. 111(2), p. 112-113, p. 114-115, p. 116-117, p. 118-119, p. 120-121, p. 122-123, p. 124-125, p. 126-127, p. 128-129, p. 130-131, p. 132-133, p. 134-135, p. 136-137, p. 138-139, p. 140-141, p. 142-143, p. 144-145, p. 146-147, p. 148-149, p. 150-151, p. 152-153, p. 154-155, p. 156-157, p. 158-159, p. 160, p. 161(2) : Sylvie Aït-Ali

p. 14(2) : Publicimo

p. 15(1), p. 31, p. 46, p. 68-69, p. 78, p. 90-91, p. 92-93 : Stéphanie Ellin

p. 28-29, p. 82-83 : MMP © Lenivitz production / Irina Sarnavska

p. 30(1-2), p. 47(2), p. 62, p. 63, p. 94(2), p. 95 : MMP

p. 63(2) : Annabel Padilla

p. 64-65, p. 79 : Olivia Lancaster

p. 79(2) :

p. 110(2) : Sophie Rohaut